PASSEPORT FR[A]

en route

*University of Northern
British Columbia
Geoffrey R. Weller Library
3333 University Way
Prince George BC   V2N 4Z9
Canada*

PASSEPORT FRANÇAIS 1

en route

Morgan Kenney

Victor Burville
Brian Hickox
John Hill
Crawford Potter

D. C. Heath Canada Ltd.

ACKNOWLEDGEMENTS

We wish to express our sincere thanks to the many teachers and students whose classroom experience over the last two years has greatly contributed to the present development of this text.
We appreciate particularly the contributions made by John Bandura, David Gallagher, Elizabeth Haufek and Allan Trussler.
We are especially grateful to
Anne Brooks
Ghislaine Dean
Evelyn Ordubegian
for their many creative contributions.
Our many thanks go also to Thérèse Lior, Bernadette Paboeuf and Chantal Ratcliffe for their careful reading of the manuscript.
For her careful preparation and organization of the vocabulary sections we sincerely thank Helen Hill.
The authors also wish to express their gratitude to D. C. Heath Canada Ltd. for their good faith and for their continued interest in the needs of today's teachers and students of French.

Morgan Kenney
Victor Burville
Brian Hickox
John Hill
Crawford Potter

EDITED BY: Thérèse Lior

DESIGN: Barry Rubin

ILLUSTRATION: Graham Pilsworth
Gordon McLean

LINE WORK: Samuel Daniel

PHOTO CREDITS:
FRONT COVER—QUEBEC CITY: The Canadian Government Travel Bureau—NEW ORLEANS: New Orleans Travel Bureau—BELGIUM: TOURNAI • THE CATHEDRAL—Belgian National Tourist Office.

BACK COVER—PARIS • THE EIFFEL TOWER—The French Embassy—ALGERIA • DJEMACE DJEDID MOSQUE: The Algerian Ministry of Tourism—SAIGON • THE NATIONAL LEGISLATURE—The RVN Embassy.

Printed in Canada
ISBN 0-669-80689-7

TABLE OF CONTENTS

QUEL BRUIT!

Maman: Quel bruit! Paul! Jean! Vous regardez la télé, vous deux?

Paul: Non, Maman. Nous étudions le français.

Maman: Alors qui regarde la télé?

Paul: C'est Marie.

Marie: Oui, Maman . . . mais j'étudie les maths aussi.

Vocabulaire du dialogue

MASCULIN

le bruit	noise
le français	French
Jean	John

FÉMININ

Maman	Mom
Marie	Mary
les maths	(les mathématiques)
la télé	television

VERBES

étudier	to study
regarder	to watch, to look at

EXPRESSIONS

alors	then
aussi	also, too
c'est	it's
mais	but
non	no
oui	yes
quel bruit!	what a noise!
qui?	who?
vous deux	you two

Expansion du vocabulaire

MATIÈRES (School Subjects)

le français	French
les maths	

MASCULIN

l'anglais	English
l'atelier	shop
le dessin	art

FÉMININ

la dactylographie	typing
l'économie domestique	home economics
l'éducation physique	physical education
la géographie	geography
l'histoire	history
la musique	
les sciences	

VERBES: -ER

étudier	to study
regarder	to watch, to look at

aider	to help		**habiter**	to live
aimer	to like, to love		**jouer**	to play
arriver	to arrive			
chanter	to sing		**manger**	to eat
chercher	to look for		**monter**	to go up
danser	to dance		**parler**	to speak, to talk
détester	to hate		**rentrer**	to go home, to come home
écouter	to listen to			
entrer	to enter		**rester**	to remain, to stay
fermer	to shut, to close		**travailler**	to work
fumer	to smoke			

Savez-vous les nouveaux mots?

Each blank represents one word.

1.
1. Il regarde un bon programme à _____ _____ .
2. Le contraire de **non** est _____ .
3. Tu chantes? — Non, Maman. — _____ qui chante?
4. Je joue au football et je joue au hockey _____ .
5. _____ aide Maman? — C'est Marie.
6. A + 2 ab + b = ? — Ah, je déteste _____ _____ !
7. Maman aime le calme. Elle déteste _____ _____ .
8. J'aime le café _____ je déteste le thé.
9. Il est stupide! _____ idiot!

There is a word puzzle for you to do.

2.

There is a crossword puzzle for you to do.

3.

8

Present Tense of -ER Verbs

1. *With the subjects* **je** *and* **tu,** *the spoken form of the verb sounds the same.*
Answer in the affirmative.

EXEMPLE: **Tu** danses?
Oui, **je** danse.

Tu danses?... Tu chantes?... Tu travailles?...
Tu joues?... Tu restes?... Tu fumes?

2. *With noun subjects, singular and plural, the spoken form of the verb sounds the same.* Answer the following questions using the subject suggested.

EXEMPLE: Qui dans**e**? (Paul)
Paul dans**e.**

Qui danse? (Paul)   Qui fume? (Paul et Jean)

Qui joue? (Marie)   Qui reste? (Marie et Jean)

Qui chante? (Jean)   Qui travaille? (Marie et Paul)

Henri danse

3. *The only pronounced endings occur with the subjects* **nous** *and* **vous.**
Answer in the affirmative. Use **nous** in your answer.

EXEMPLE: **Vous** travaill**ez**?
Oui, **nous** travaill**ons**.

Vous travaillez?... Vous chantez?... Vous dansez?... Vous jouez?... Vous restez?... Vous fumez?

4. Ask questions with **vous.**

EXEMPLE: **Nous** travaill**ons**.
Ah! **Vous** travaill**ez**?

Nous travaillons.... Nous chantons.... Nous dansons.... Nous jouons.... Nous restons.... Nous fumons.

5. Repeat the following sentences. Then replace the subject with the word given.

EXEMPLE: Nous regardons la télé.
Nous regardons la télé. (Tu)
Tu regard**es** la télé.

Nous regardons la télé.... Tu... Vous... Je... Nous... Marie... Qui... Nous... Paul...

Lisons! 1

Read the following expressions aloud.

1. *Note that the endings* **-e**, **-es**, **-ent** *are not pronounced.*

   1. je fume, tu fumes, Marie fume, Paul et Jean fument
   2. tu travailles, je travaille, Maman et Marie travaillent, Paul travaille
   3. je reste, tu restes, Jean et Paul restent, Marie reste
   4. Jean joue, tu joues, Marie et Suzette jouent, je joue

2. *Note that the endings* **-ons** *and* **-ez** *are pronounced.*

   1. je fume, nous fumons
   2. tu fumes, vous fumez
   3. je travaille, nous travaillons
   4. tu travailles, vous travaillez
   5. je danse, nous dansons, vous dansez, tu danses, Paul et Jean dansent
   6. nous jouons, Jean joue, tu joues, vous jouez, Suzette et Marie jouent

3. *Note that the infinitive ending* **-er** *is pronounced exactly like the* **-ez** *ending that follows* **vous**.

   1. chanter, vous chantez
   2. vous fumez, fumer
   3. rester, vous restez
   4. vous travaillez, travailler
   5. Marie regarde, regarder, Jean et Paul regardent, nous regardons, vous regardez, regarder

Pensons! 1

PRESENT TENSE OF -ER VERBS

The basic form of a verb is the *infinitive*.
In English the infinitive consists of *to* plus a verb:
to watch.
In French the infinitive is *one* word. **Regarder** means
to watch.
In French the most frequent infinitive ending is **-er**.

FORMATION OF THE PRESENT TENSE OF -ER VERBS

1. Remove **er** from the infinitive. The remaining part is the *STEM.*

Infinitive	Ending	Stem
regarder	**er**	**regard**

2. Before the stem there is a *subject.* For each subject there is a specific *ending* added to the stem.

Subject	Stem	Ending	
je +	**regard** +	**e** =	**je regarde**

    *The endings of all **-er** verbs follow the same pattern.*

3. The complete list of endings for **-er** verbs follows:

(I)	je	.....**e**	*(we)*	nous	.....**ons**
(you)	tu	.....**es**	*(you)*	vous	.....**ez**
(Paul)	Paul	.....**e**	*(Paul and John)*	Paul et Jean	.....**ent**
(Mary)	Marie	.....**e**	*(Mary and Sue)*	Marie et Suzette	.....**ent**
(who)	qui	.....**e**			

Notes:

1. The only pronounced endings are **-ons** and **-ez**. *The other endings are all silent.*

2. **Tu** is followed by **-es**: tu rentr**es**. The ending after all other singular subjects is **-e**: je (Paul, Marie, qui) rentr**e**.

3. After a *singular noun* the ending is **-e**: Marie arriv**e**. After a *plural noun* the ending is **-ent**: Marie et Paul arriv**ent**.

4. There is only one form of the present tense in French. This one form corresponds to the *three* present tense forms in English: **je reste** = *I stay, I do stay, I am staying.*

PRESENT TENSE OF **REGARDER** (*TO WATCH*)

je regarde*	nous regardons
tu regardes	vous regardez
Paul regarde	Paul et Jean regardent
Marie regarde	Marie et Suzette regardent
qui regarde?	

I watch, I do watch, I am watching.

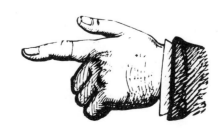

Écrivons! 1

1. -e or -es?

Je dans _____ . *Je danse.*

Tu chant _____ ? *Tu chantes?*

1. Je chant _____ .
2. Tu dans _____ ?
3. Qui travaill _____ ?
4. Tu jou _____ ?
5. Jean mang _____ .

6. Marie fum _____ .
7. Je rentr _____ .
8. Tu étudi _____ ?
9. Paul arriv _____ .
10. Qui écout _____ ?

Claire danse

2. chanter: Je _____ . *Je chante.*

1. arriver: Marie _____ .
2. danser: Je _____ .
3. fumer: Tu _____ ?
4. écouter: Qui _____ ?
5. manger: Je _____ .

6. rentrer: Tu _____ ?
7. rester: Qui _____ ?
8. jouer: Je _____ .
9. travailler: Paul _____ .
10. entrer: Tu _____ ?

4. danser: Nous _____ . *Nous dansons.*

1. chanter: Suzette et Claire _____ .
2. jouer: Nous _____ .
3. monter: Vous _____ ?
4. parler: Robert et Jean _____ .
5. rentrer: Vous _____ ?
6. travailler: Marie et Hélène _____ .
7. rester: Nous _____ .
8. fumer: Michel et Jean _____ .
9. manger: Vous _____ ?
10. danser: Hélène et Suzette _____ .

3. -ons, -ez, or -ent?

Nous regard _____ . *Nous regardons.*

Jean et Paul fum _____ . *Jean et Paul fument.*

1. Nous chant _____ .
2. Jean et Paul mang _____ .
3. Vous travaill _____ ?
4. Marie et Suzette dans _____ .
5. Nous rentr _____ .

6. Robert et Michel jou _____ .
7. Vous fum _____ ?
8. Claire et Marie mang _____ .
9. Nous regard _____ .
10. Vous parl _____ ?

Claire chante

5. rester: Nous _____ à la cuisine. *Nous restons à la cuisine.*

1. regarder: Je _____ la télé.
2. jouer: Henri et Robert _____ au football.
3. aimer: Tu _____ les bonbons?
4. étudier: Jean _____ le français.
5. chanter: Vous _____ beaucoup?
6. détester: Hélène _____ la géographie.
7. rester: Marie et Suzette _____ à la maison.
8. manger: Qui _____ la salade?
9. habiter: Tu _____ à Montréal?
10. fermer: Nous _____ la porte.
11. chercher: Henri _____ un stylo.
12. travailler: Vous _____ beaucoup?

je rentre

7. Ask questions with **qui**.

Nous fumons. *Qui fume?*

1. Je cherche l'école.
2. Marie mange la salade.
3. Nous aimons le chocolat.
4. Maman et Suzette chantent bien.
5. Tu étudies les maths.
6. Vous travaillez beaucoup.
7. Robert et Paul regardent le film.
8. Jean entre dans la classe.

il écoute

6. Choose the verb that logically completes each sentence and write the correct form of this verb.

entrer / regarder: Vous _____ la télé?

Nous regardez la télé?

1. regarder / manger: Vous _____ la télé?
2. aimer / arriver: Robert et Jean _____ les maths.
3. parler / fermer: Tu _____ la porte?
4. rentrer / détester: Suzette _____ .
5. écouter / rester: Nous _____ à Québec.
6. travailler / chercher: Je _____ à l'école.
7. arriver / fermer: Qui _____ ?
8. aider / fumer: Tu _____ le professeur?
9. chanter / écouter: Suzette et Claire _____ la radio?
10. jouer / entrer: Robert _____ au football.

8. Paul is shutting the door.

Paul ferme la porte.

1. Paul is working.
2. Paul works.
3. Paul does work.
4. I am eating.
5. I do eat.
6. I eat.
7. We do talk.
8. We talk.
9. We are talking.

je mange

The Definite Article

Parlons! 2

1. le

Put the definite article **le** in front of each of the following masculine nouns.

EXEMPLE:
> professeur
> **le** professeur

professeur . . . stylo . . . chien . . . livre . . .
garçon . . . chapeau

2. la

Put the definite article **la** in front of each of the following feminine nouns.

EXEMPLE:
> porte
> **la** porte

porte . . . télé . . . dame . . . jeune fille . . .
maison . . . lettre

3. l'

The following masculine and feminine nouns begin with a vowel sound. Put the definite article **l'** in front of each noun.

EXEMPLE:
> élève
> **l'**élève

élève . . . amie . . . homme . . . exercice . . .
enfant . . . école

4. le, la ⟶ les

Put into the plural:

EXEMPLE:
> C'est **le** livre.
> C'est **les** livres.
>
> C'est **la** maison.
> C'est **les** maisons.

C'est le livre. . . . C'est la maison. . . .
C'est la porte. . . . C'est le garçon. . . .
C'est le professeur. . . . C'est la jeune fille.

5. l' ⟶ les + liaison

Put into the plural:

EXEMPLE:
> l'ami
> les amis

l'ami . . . l'élève . . . l'école . . . l'exercice . . . l'enfant
. . . l'homme

6. les + liaison / no liaison

Repeat the following sentence. Then replace the subject with the word given.

EXEMPLE:
> Les dames parlent beaucoup.
> Les dames parlent beaucoup. (enfants)
> Les enfants parlent beaucoup.

Les dames parlent beaucoup. . . . enfants . . .
élèves . . . garçons . . . amis . . . jeunes filles . . .
hommes

7. les → l'

Put into the singular.

EXEMPLE:

> **les** amis
> **l'**ami

les amis . . . les élèves . . . les écoles . . . les exercices . . . les enfants . . . les hommes

8. les → le, la, l'

Put into the singular.

EXEMPLE:

> *masculin* **les** garçons
> **le** garçon
>
> *féminin* **les** jeunes filles
> **la** jeune fille

masculin	les garçons	*féminin*	les jeunes filles
féminin	les écoles	*féminin*	les lettres
masculin	les exercices	*masculin*	les stylos
féminin	les portes	*féminin*	les élèves

9. les → le, la, l'

Put into the singular.

EXEMPLE:

> **les** stylos
> **le** stylo
>
> **les** dames
> **la** dame

les stylos . . . les dames . . . les enfants . . . les écoles . . . les lettres . . . les livres . . . les chapeaux . . . les exercices . . . les portes . . . les jeunes filles . . . les garçons

l'enfant

les enfants

Lisons! 2

Read the following expressions aloud.

1. elision

1. le chien, l'enfant
2. la dame, l'amie
3. la porte, l'école
4. le livre, l'exercice
5. le garçon, l'homme

2. liaison

1. les chiens, les enfants
2. les dames, les amies
3. les portes, les écoles
4. les livres, les exercices
5. les garçons, les hommes

15

Pensons! 2

THE DEFINITE ARTICLE: **le, la, l', les** *(the)*

The definite article — **le, la, l', les** — refers to specific people or things. It corresponds to the English definite article *the*.

le precedes a *masculine singular* word beginning with a consonant sound: **le livre.**

la precedes a *feminine singular* word beginning with a consonant sound: **la maison.**

l' precedes both *masculine and feminine singular* words beginning with a vowel sound: **l'ami** (m) or **l'histoire** (f).

les is the plural of **le, la** and **l':**

le livre	**les** livres
la maison	**les** maisons
l'ami	**les** amis [z]

Notes:

1. **le** and **la** become **l'** when the following word begins with a vowel sound: **l'ami, l'histoire.** The disappearance of a vowel at the end of one word before a vowel sound at the beginning of the next word is called *elision*. In writing, an apostrophe indicates that a letter has been dropped.

2. The **s** of **les** is pronounced only before a vowel sound: **les amis.** It sounds like **z** and is joined to the following word. This joining of words in speech is called *liaison*.

THE DEFINITE ARTICLE

		SINGULAR	PLURAL
Masc.	C O N S O N A N T	le garçon le livre	les garçons les livres
Fem.		la mère la maison	les mères les maisons
Masc. or Fem.	V O W E L	l'enfant l'école	les enfants les écoles

1e

1a

In French, *all* nouns, whether they refer to people or things, are either masculine or feminine.

Ecrivons! 2

1. le, la, or l'?

le chien

_____ garçon (m s) *le garçon*
_____ dame (f s) *la dame*
_____ ami (m s) *l'ami*
_____ histoire (f s) *l'histoire*

1. _____ géographie (f s)
2. _____ auto (f s)
3. _____ homme (m s)
4. _____ musique (f s)
5. _____ bruit (m s)
6. _____ enfant (m s)
7. _____ dessin (m s)
8. _____ école (f s)
9. _____ atelier (m s)
10. _____ dactylographie (f s)
11. _____ éducation (f s)
12. _____ histoire (f s)

2. le, la, l' or les?

1. _____ bruit (m s)
2. _____ lettre (f s)
3. _____ livres (m pl)
4. _____ école (f s)
5. _____ ami (m s)
6. _____ histoire (f s)
7. _____ maisons (f pl)
8. _____ anglais (m s)
9. _____ stylos (m pl)
10. _____ homme (m s)
11. _____ sciences (f pl)
12. _____ français (m s)
13. _____ chien (m s)
14. _____ dame (f s)
15. _____ enfant (m s)
16. _____ jeunes filles (f pl)

les chiens

3. Put into the singular.

les garçons: _____ garçon *le garçon*

1. les stylos: _____ stylo
2. les dames: _____ dame
3. les chiens: _____ chien
4. les bruits: _____ bruit
5. les amis: _____ ami
6. les livres: _____ livre
7. les écoles: _____ école
8. les enfants: _____ enfant
9. les maisons: _____ maison
10. les lettres: _____ lettre
11. les hommes: _____ homme
12. les histoires: _____ histoire
13. les professeurs: _____ professeur
14. les jeunes filles: _____ jeune fille

Subject Pronouns

Parlons! 3

1. il / ils

Answer in the affirmative.
Use a pronoun.

EXEMPLE:
> **Jean** fume beaucoup?
> Oui, **il** fume beaucoup.
>
> **Jean et Paul** fument beaucoup?
> Oui, **ils** fument beaucoup.

Jean fume beaucoup? . . . Jean et Paul fument beaucoup? . . . Robert parle anglais? . . . Robert et Jean parlent anglais? . . . Pierre regarde la télé? . . . Pierre et Jean regardent la télé?

2. elle / elles

Answer in the affirmative. Use a pronoun.

EXEMPLE:
> **Marie** parle anglais?
> Oui, **elle** parle anglais.
>
> **Marie et Suzanne** parlent anglais?
> Oui, **elles** parlent anglais.

Marie parle anglais? . . . Marie et Suzanne parlent anglais? . . . Hélène déteste le bruit? . . . Hélène et Marie détestent le bruit? . . . Suzanne danse beaucoup? . . . Suzanne et Marie dansent beaucoup?

3. ils / elles

Replace all noun subjects by pronouns.

EXEMPLE:
> **Marie et Suzanne** fument.
> **Elles** fument.
>
> **Marie et Paul** fument.
> **Ils** fument.

Marie et Suzanne fument. . . . Marie et Paul fument. . . . Jean et Paul fument. . . . Marie et Suzanne travaillent. . . . Marie et Paul travaillent. . . . Jean et Paul travaillent. . . . M. et Mme Leduc parlent anglais. . . . Mme Leduc et Marie parlent anglais. . . . Suzanne et Jean parlent anglais.

4. il / ils; elle / elles

Replace each noun by a pronoun.

EXEMPLE:
> **Marie** mange beaucoup.
> **Elle** mange beaucoup.
> **Jean**
> **Il** mange beaucoup.

Marie mange beaucoup. . . . Jean . . . Suzanne . . . Mme Leduc . . . M. Lebrun . . . Jean et Paul . . . Marie et Suzanne . . . Paul et Marie

5. **Vous** *can be either singular or plural.*

Answer in the affirmative.

EXEMPLE:

> **Vous parlez** anglais, monsieur?
> Oui, **je parle** anglais.
>
> Paul et Jean, **vous parlez** anglais?
> Oui, **nous parlons** anglais.

Vous parlez anglais, monsieur? . . . Paul et Jean, vous parlez anglais?
Vous rentrez à la maison, monsieur? . . . Paul et Jean, vous rentrez à la maison?
Vous fumez beaucoup, monsieur? . . . Paul et Jean, vous fumez beaucoup?

6. *Questions asked with* **tu** *or with* **vous** *(singular) are both answered with* **je.**
Answer in the affirmative.

EXEMPLE:

> **Tu** danses, Robert?
> Oui, **je** danse.
>
> **Vous** dansez, monsieur Leduc?
> Oui, **je** danse.

Tu danses, Robert? . . . Vous dansez, monsieur Leduc?
Tu parles anglais, Robert? . . . Vous parlez anglais, monsieur Leduc?
Tu regardes la télé, Marie? . . . Vous regardez la télé, madame Dubois?
Tu rentres, Marie? . . . Vous rentrez, madame Dubois?

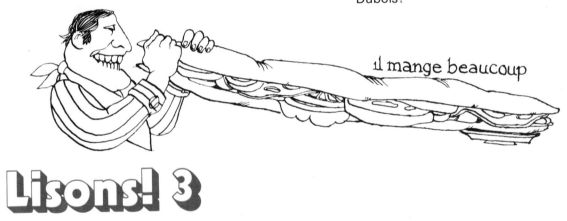

il mange beaucoup

Lisons! 3

Read the following expressions aloud.

1. elision

1. Je regarde la télé.   J'écoute la radio.
2. Je parle français.   J'étudie les maths.
3. Je déteste le bruit.   J'aime les bonbons.
4. Je ferme la porte.   J'aide Maman.
5. Je reste à la maison.   J'habite à Winnipeg.

2. liaison

1. Ils rentrent.   Ils arrivent.
2. Elles jouent.   Elles entrent.
3. Nous travaillons.   Nous écoutons.
4. Vous restez.   Vous étudiez.

In the following examples, the pronunciation of the **s** *is all that differentiates the singular from the plural.*

5. Il écoute la radio.   Ils écoutent la radio.
6. Elle aide Maman.   Elles aident Maman.
7. Il étudie le français.   Ils étudient le français.
8. Elle aime les maths.   Elles aiment les maths.

	SINGULAR		PLURAL
je, j'	I	nous	we
tu, vous	you	vous	you
il	he, it (m)	ils	they (m)
elle	she, it (f)	elles	they (f)
qui?	who?		

Pensons! 3

SUBJECT PRONOUNS

Notes:

1. Capitalize **je** only when it begins a sentence.

2. The **e** of **je** disappears if the following word begins with a vowel sound: **j'arrive.** This is called *elision*.

3. **Tu** is used when talking to *one* person who is a member of the family or a friend. It is always *singular*.

4. **Vous** is used when speaking to one person *formally* or when speaking to more than one person:

Familiar:	*Singular:*	Paul! Tu travailles?
	Plural:	Paul et Marie! Vous travaillez?
Formal:	*Singular:*	Monsieur Lebrun, vous travaillez?
	Plural:	Monsieur et Madame Lebrun, vous travaillez?

6. **Ils** is used to refer to a combined masculine and feminine subject.
   Marie et Robert arrivent.   **Ils** arrivent. **They** arrive.

7. The **s** of **nous, vous, ils, elles** is pronounced only before a following vowel sound. It sounds like **z** and is joined to the following word. This joining of words in speech is called *liaison*.
   Nous fumons — no liaison
   Nous étudions — liaison [**z**]

8. If the verb begins with a vowel sound, the plural **ils** or **elles** can be distinguished in speech from the singular **il, elle** because of the liaison. Otherwise no distinction can be heard.

Il aime	Ils aiment
Elle entre	Elles entrent
	but
Il regarde	Ils regardent

5. The pronouns **il, elle, ils, elles** may be used to replace the names of both *persons* and *things*.

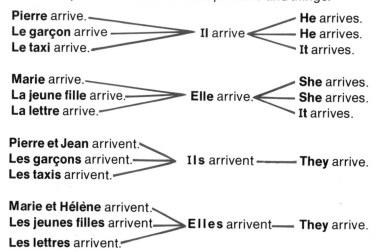

20

Ecrivons! 3

nous jouons

① je or j'?

_____ aide Maman. *J'aide Maman.*

_____ cherche Maman. *Je cherche Maman.*

1. _____ entre dans l'école.
2. _____ travaille à l'école.
3. _____ aime les bonbons.
4. _____ joue au football.
5. _____ arrive à midi.
6. _____ habite à Hamilton.

② il, elle, ils or elles?

Jean regarde la télé. *Il regarde la télé.*

Les jeunes filles travaillent beaucoup. *Elles travaillent beaucoup.*

1. **Paul** écoute la radio.
2. **Paul et Louise** jouent.
3. **Marie** habite à Québec.
4. **Le bruit** continue.
5. **Marie et Annette** écoutent la musique.
6. **Le garçon** fume.
7. **La jeune fille** danse.
8. **La lettre** arrive.
9. **Les garçons** chantent.
10. **Monsieur et Madame Dubois** restent à la maison.
11. **Les lettres** arrivent.
12. **Les jeunes filles** arrivent.

3. je or nous?

Vous fumez, Marie? — Oui, _____ fume.
Oui, je fume.

Vous fumez, vous deux? — Oui, _____ fumons
Oui, nous fumons.

1. Vous dansez, Paul et Marie? — Oui, _____ dansons.
2. Tu aides Maman, Marie? — Oui, _____ aide Maman.
3. Vous restez, monsieur? — Oui, _____ reste.
4. Vous étudiez, vous deux? — Oui, _____ étudions.
5. Vous aimez le français, Pierre? — Oui, _____ aime le français.
6. Monsieur et Madame Dubois, vous habitez à Toronto? — Oui, _____ habitons à Toronto.

4. je / nous or il(s) / elle(s)?

Tu danses, Paul? — Oui, _____ danse.
Oui, je danse.

Paul danse? — Oui, _____ danse.
Oui, il danse.

1. Paul et Jean, vous étudiez? — Oui, _____ étudions.
2. Paul et Jean étudient? — Oui, _____ étudient.
3. Tu travailles, Jean-Paul? — Oui, _____ travaille.
4. Jean-Paul travaille? — Oui, _____ travaille.
5. Maman, tu écoutes la radio? — Oui, _____ écoute la radio.
6. Maman écoute la radio? — Oui, _____ écoute la radio.

5. Which subject pronoun?

_____ écoutons le professeur. *Nous écoutons.*

1. _____ écout**es** la radio?
2. _____ jou**ons** au football.
3. _____ regard**ez** la télé?
4. _____ mang**es** les bonbons?
5. _____ rentr**ons** à la maison.
6. _____ travaill**ez** beaucoup.
7. _____ aim**ent** le français.
8. _____ habit**e** à Hamilton?

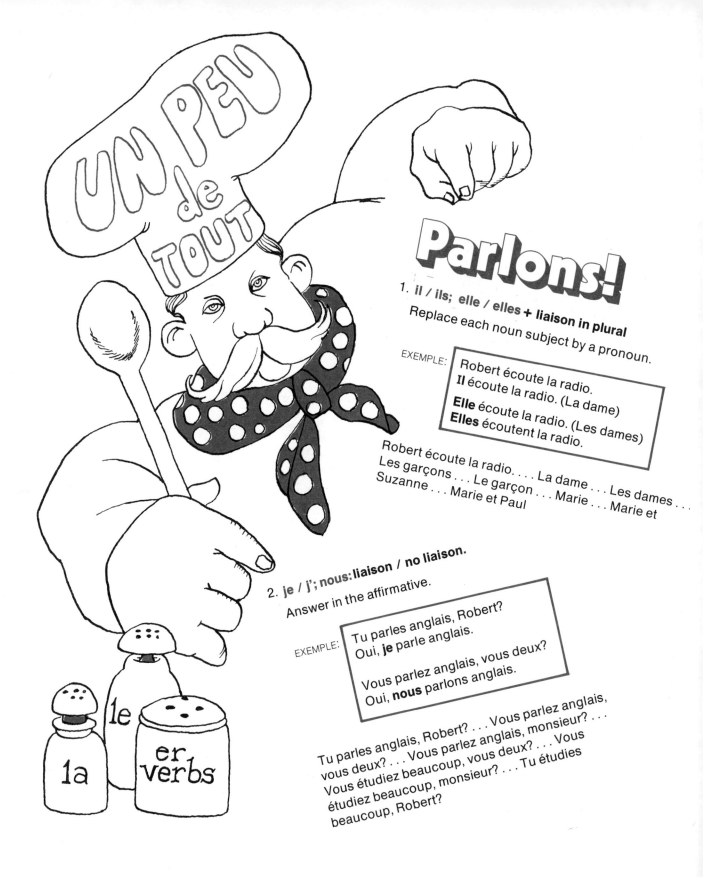

Parlons!

1. il / ils; elle / elles + liaison in plural

Replace each noun subject by a pronoun.

EXEMPLE:

> Robert écoute la radio.
> **Il** écoute la radio. (La dame)
> **Elle** écoute la radio. (Les dames)
> **Elles** écoutent la radio.

Robert écoute la radio.... La dame ... Les dames ...
Les garçons ... Le garçon ... Marie ... Marie et
Suzanne ... Marie et Paul

2. je / j'; nous: liaison / no liaison.

Answer in the affirmative.

EXEMPLE:

> Tu parles anglais, Robert?
> Oui, **je** parle anglais.
>
> Vous parlez anglais, vous deux?
> Oui, **nous** parlons anglais.

Tu parles anglais, Robert? ... Vous parlez anglais,
vous deux? ... Vous parlez anglais, monsieur? ...
Vous étudiez beaucoup, vous deux? ... Vous
étudiez beaucoup, monsieur? ... Tu étudies
beaucoup, Robert?

Lisons!

elision and liaison

Read the following expressions aloud.

1. Nous restons.
2. Nous étudions l'anglais.
3. J'aime les maths et l'histoire.
4. Les hommes travaillent à l'école.
5. Ils arrivent.
6. Ils parlent beaucoup.
7. Je regarde la télé.
8. Elles aiment les bonbons.
9. Vous cherchez les enfants?
10. Vous écoutez la radio?

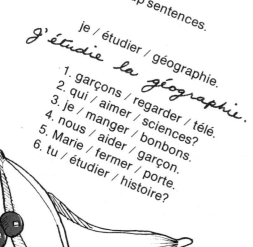

2. Make up sentences.

je / étudier / géographie.

J'étudie la géographie.

1. garçons / regarder / télé.
2. qui / aimer / sciences?
3. je / manger / bonbons.
4. nous / aider / garçon.
5. Marie / fermer / porte.
6. tu / étudier / histoire?

Ecrivons!

1. Answer these questions using a pronoun as subject.

Tu joues, Paul? *Oui, je joue.*
Paul joue? *Oui, il joue.*

1. **Paul** regarde le prof?
2. **Tu** cherches Pierre?
3. **Vous** écoutez, vous deux?
4. **Maman** arrive?
5. **Vous** aimez les maths, Marie?
6. **Les enfants** jouent?
7. **Vous** restez ici, vous deux?
8. **Marie et Louise** aident Maman?
9. **Tu** manges les bonbons?
10. **Vous** cherchez Marie, Paul?

3. Make up sentences by combining each subject and verb with one of the nouns listed below.

Je / aider / . . . *J'aide le professeur.*

1. Je / aider . . .
2. Alice / manger . . .
3. Vous / étudier . . .
4. Nous / fermer . . .
5. Ils / aimer . . .
6. Garçons / écouter . . .

musique, maison, stylo, professeur, salade, géographie, livre.

1. Make a copy in French of your present timetable.

2. Quel bruit! Qui _____ ?
   Complete this question in as many ways as possible.

3. *Au téléphone*
   Dring! Dring!
   — Allô?
   — Allô, _____ ? Tu étudies?
   — Non, je _____.
   Complete this dialogue in as many ways as you can.

ALLONS-Y

4. Complete the following sentences in as many ways as possible.

   Il _____ la télé.

   Il regarde la télé.
   Il aime la télé.
   Il déteste la télé, etc.

   1. Il _____ le professeur.
   2. Qui _____ les bonbons?
   3. Vous _____ la radio?
   4. Nous _____ les sciences.
   5. Elles _____ à Ottawa.
   6. Tu _____ beaucoup?

5. — **Paul arrive.**
   — Qui **arrive? Jean?**
   — Non, c'est **Paul.**
   Following this pattern, compose original conversations. In each conversation replace the words in heavy type by different words.

   EXAMPLE:
   > — **Jean parle.**
   > — Qui **parle? Paul?**
   > — Non, c'est **Jean.**

6. Compose a simple statement such as **Paul arrive.** Then develop more complicated statements by adding details.

   > EXAMPLE:
   > Paul arrive.
   > Paul arrive à la maison.
   > Paul arrive à la maison avec Maman, etc.

7. Write as many statements as you can using the following pattern.

   Je _____ mais je _____ aussi.

   EXAMPLE:
   > **Je** regarde la télé **mais j'**étudie les maths **aussi.**

8. Read over the following outline of a dialogue. Using the clues given, create an *original* situation and write an *original* dialogue.

   Maman: Quel bruit! Paul! Jean! Vous . . . ?
   Jean et Paul: Non, Maman! Nous . . .
   Maman: Alors, qui . . . ?
   Jean et Paul: C'est . . .
   　　? : Oui, Maman, mais . . .

Entre Nous

WHAT'S IN A NAME?

Your name is the only thing you have that cannot be taken away from you.

Your name establishes your identity. It allows you to be recognized as an individual.

Some names are very old. *Mary* and *John* have been used for hundreds of years. And these two names appear in many countries with little change from language to language.

English	French	Spanish	German
John	Jean	Juan	Johann
Mary	Marie	Maria	Maria

Names often have definite meanings because they have developed from specific words.

Did you know that if you are called *Peter* your name suggests a person who is as ''solid as a rock''? Peter comes from the Greek word meaning ''a rock''.

In French, compound names are very common.

Jean-Claude	Marie-Ange
Jean-Paul	Marie-Anne
Jean-Louis	Marie-Claire
Jean-Pierre	Marie-Thérèse

PROJECTS:

1. Look up in the reference section to see if the French equivalent of your name is listed.

2. Try to discover if your name has a meaning.

3. Try to discover the meaning of the following French names: Blanche, Marie-*Ange,* Belle, Réal, Rosaire.

THE SOUND TH

As you know, there are some sounds that exist in English that do not exist in French, and there are some sounds that exist in French that do not exist in English.

In French there is no sound that corresponds to the English sounds in *the* and wi*th*. Therefore French people have difficulty in saying these words.

English speaking people must be careful not to pronounce the letters *th* when they see them in print in French. This combination of letters is pronounced simply as *t*: les ma*th*ématiques.

PROJECTS:

1. What other French words do you know containing the letters *th*?

2. Study the dialogue and select a word that contains another sound that does not exist in English.

CAPITAL LETTERS

Notice that in English we capitalize the names of languages whereas in French the names of languages are written with a small letter:

French le français   *English* l'anglais

If you write **français** with a capital letter, it changes the meaning to *Frenchman*. Notice:

Un *F*rançais parle français   *a Frenchman speaks French.*

Un *A*nglais parle anglais   *an Englishman speaks English.*

un Chinois parle chinois

FORMIDABLE!

Maman: Henri! Michel! Descendez un instant.

Michel: Pourquoi Maman? Est-ce que Jean-Paul est là?

Maman: Oui, il attend dans le salon. Il a des disques pour vous.

Michel: Formidable! Nous descendons tout de suite.

Vocabulaire du dialogue

MASCULIN

le disque	record
Henri	Henry
Michel	Michael
le salon	living room

VERBES

attendre	to wait
descendre	to come (go) down

EXPRESSIONS

dans	in
est	is
formidable!	great! wow!
il a	he has
là	there
pourquoi?	why?
pour vous	for you
tout de suite	immediately
un instant	for a moment

pour vous

Expansion du vocabulaire

PIÈCES (Rooms)

le salon	living room

la chambre (à coucher) bedroom
la cuisine kitchen
la salle à manger dining room
la salle de bain bathroom
la salle de récréation recreation room

pourquoi? why?

parce que because
quand? when?
où? where?

un instant for a moment

bientôt soon
maintenant now
plus tard later

VERBES: **-re**

attendre to wait
descendre to come (go) down

entendre to hear
perdre to lose
rendre to give back
répondre to answer
vendre to sell

qui perd?

Savez-vous les nouveaux mots?

1. Each blank represents one word.

   1. Attendez un instant. Il arrive _____.
   2. _____ est-ce que vous habitez? – À Vancouver.
   3. Tu aimes le disque? – Oui, il est _____!
   4. Pourquoi est-ce que tu regardes la télé?
     _____ _____ j'aime le programme.
   5. Étudiez maintenant. Écoutez les disques _____
     _____.
   6. Paul a des livres _____ vous.
   7. _____ est-ce qu'ils arrivent? – Bientôt.
   8. Quand Maman entend le bruit, elle ferme la
     porte _____ _____ _____.
   9. Il rentre plus tard? – Non, il rentre _____.
  10. _____ est-ce que tu restes à la maison? – Parce
     que j'aide Papa.
  11. Est-ce que Maman travaille _____ la cuisine?
     – Oui, elle est _____.

2. Correct the following statements.

   1. Maman travaille dans la salle de bain.
   2. Marie étudie dans la chambre.
   3. Grand-père regarde la télé dans la salle de
     récréation.
   4. Paul est dans la salle à manger.
   5. Le bébé est dans la cuisine.
   6. Robert et Suzanne jouent dans le salon.

3.

```
    M
CROISÉS
    T
    S
```

QUESTIONNAIRE

   1. Où est-ce que Jean-Paul attend?
   2. Pourquoi?
   3. Qui parle avec Jean-Paul quand il arrive?
   4. Qui est Jean-Paul?
   5. Où sont les deux frères?
   6. Quand est-ce qu'ils descendent?

Present Tense of -RE verbs

1. introduction to -re verbs: present tense

Answer in the affirmative. Use pronouns.

> EXEMPLE: **Il descend. Henri descend** aussi?
> Oui, **il descend.**

Il descend. Henri descend aussi? . . . Je descends. Tu descends aussi? . . . Elle descend. Annette descend aussi? . . . Tu descends. Je descends aussi? . . . Nous descendons. Vous descendez aussi? . . . Ils descendent. Les garçons descendent aussi? . . . Vous descendez. Nous descendons aussi? . . . Elles descendent. Les jeunes filles descendent aussi?

2. silent d / pronounced d

Put into the plural or into the singular.

> EXEMPLE: **Les** jeunes filles descen**d**ent.
> **La** jeune fille descend.
>
> **Le** garçon attend.
> **Les** garçons atten**d**ent.

Les jeunes filles descendent. . . . Le garçon attend. . . . Les hommes attendent. . . . La femme descend. . . . Les élèves descendent. . . . L'enfant attend.

3. silent d / pronounced d

Put into the plural or into the singular.

> EXEMPLE: **Je** descends.
> **Nous** descen**d**ons.

Je descends. . . . J'attends. . . . Tu attends. . . . Tu descends. . . . Nous descendons. . . . Nous attendons. . . . Vous attendez . . . Vous descendez.

4. silent d / pronounced d

Answer in the affirmative. Use pronouns.

> EXEMPLE: **Tu descends** tout de suite?
> Oui, **je descends.**

Tu descends tout de suite?
Vous descendez tout de suite, monsieur?
Vous descendez tout de suite, vous deux?
Paul descend tout de suite?
Henri et Michel descendent tout de suite?
Tu descends tout de suite?

5. liaison / elision

Repeat the following sentence. Then substitute the word suggested.

> EXEMPLE: Robert attend.
> Robert attend. (Nous)
> Nous attendons. (descendre)
> Nous descendons.

Robert attend. . . . Nous . . . descendre . . . Je . . . attendre . . . Vous . . . descendre

Lisons! 1

Read the following expressions aloud.

1. *Note that a final **d** or final **ds** are not pronounced.*

    1. je réponds, il répond
    2. tu vends, elle vend
    3. je descends, elle descend
    4. tu rends, il rend

2. **silent d / pronounced d**

    1. il vend, ils vendent
    2. il rend, ils rendent
    3. il répond, ils répondent
    4. elles descendent, elle descend
    5. elles vendent, elle vend
    6. elles perdent, elle perd

3. **elision**

    1. je descends, j'attends
    2. je perds, j'entends
    3. je réponds, j'attends
    4. je vends, j'entends

4. **liaison**

    1. il attend, ils attendent
    2. elle attend, elles attendent
    3. il entend, ils entendent
    4. elle entend, elles entendent

5. **liaison / no liaison**

    1. nous attendons, nous perdons
    2. vous attendez, vous perdez
    3. nous entendons, nous répondons
    4. vous entendez, vous répondez

Pensons! 1

PRESENT TENSE OF -RE VERBS

Verbs ending in **-re** form their present tense according to the following pattern:

1. The stem consists of the infinitive minus **-re**.

Infinitive	Stem
descendre	**descend**

2. The endings for **-re** verbs are:

je	.....**s**	nous	.....**ons**
tu	.....**s**	vous	.....**ez**
il	.....–	ils	.....**ent**
elle	.....–	elles	.....**ent**
qui	.....–		

Present tense of **descendre**

je descends [*]	nous descendons
tu descends	vous descendez
il descend	ils descendent
elle descend	elles descendent
Paul descend	Marie et Jean descendent
qui descend?	

[*] *I come down, I do come down, I am coming down.*

Notes:

1. With **il** and **elle** no ending is added to the stem.
2. The **d** is *silent* throughout the singular. It is *pronounced* throughout the plural.
3. All singular forms sound the same.
4. The pronunciation of the second **d** of **ils descen*d*ent** is all that distinguishes it from the singular **il descend**.

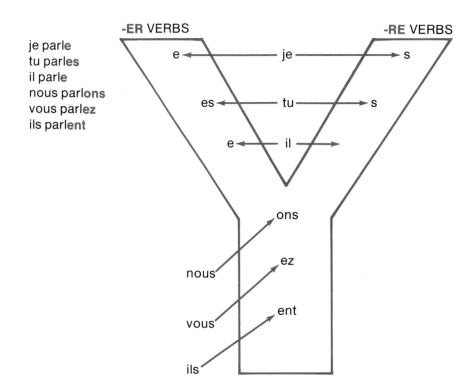

-ER VERBS

je parle
tu parles
il parle
nous parlons
vous parlez
ils parlent

-RE VERBS

je vends
tu vends
il vend
nous vendons
vous vendez
ils vendent

Ecrivons! 1

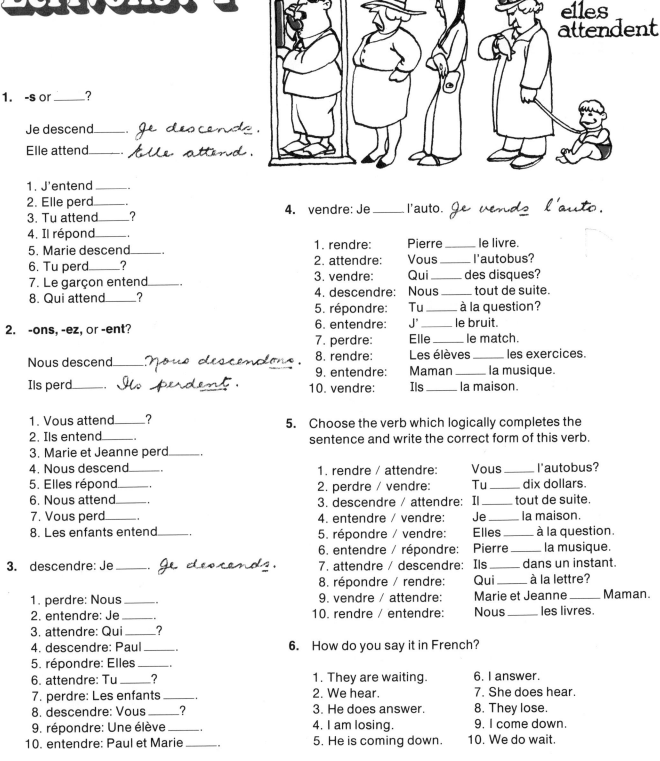

elles attendent

1. **-s** or _____?

Je descend_____. *Je descends.*
Elle attend_____. *Elle attend.*

1. J'entend _____.
2. Elle perd_____.
3. Tu attend_____?
4. Il répond_____.
5. Marie descend_____.
6. Tu perd_____?
7. Le garçon entend_____.
8. Qui attend_____?

2. **-ons, -ez,** or **-ent**?

Nous descend_____. *Nous descendons.*
Ils perd_____. *Ils perdent.*

1. Vous attend_____?
2. Ils entend_____.
3. Marie et Jeanne perd_____.
4. Nous descend_____.
5. Elles répond_____.
6. Nous attend_____.
7. Vous perd_____.
8. Les enfants entend_____.

3. descendre: Je _____. *Je descends.*

1. perdre: Nous _____.
2. entendre: Je _____.
3. attendre: Qui _____?
4. descendre: Paul _____.
5. répondre: Elles _____.
6. attendre: Tu _____?
7. perdre: Les enfants _____.
8. descendre: Vous _____?
9. répondre: Une élève _____.
10. entendre: Paul et Marie _____.

4. vendre: Je _____ l'auto. *Je vends l'auto.*

1. rendre: Pierre _____ le livre.
2. attendre: Vous _____ l'autobus?
3. vendre: Qui _____ des disques?
4. descendre: Nous _____ tout de suite.
5. répondre: Tu _____ à la question?
6. entendre: J' _____ le bruit.
7. perdre: Elle _____ le match.
8. rendre: Les élèves _____ les exercices.
9. entendre: Maman _____ la musique.
10. vendre: Ils _____ la maison.

5. Choose the verb which logically completes the sentence and write the correct form of this verb.

1. rendre / attendre: Vous _____ l'autobus?
2. perdre / vendre: Tu _____ dix dollars.
3. descendre / attendre: Il _____ tout de suite.
4. entendre / vendre: Je _____ la maison.
5. répondre / vendre: Elles _____ à la question.
6. entendre / répondre: Pierre _____ la musique.
7. attendre / descendre: Ils _____ dans un instant.
8. répondre / rendre: Qui _____ à la lettre?
9. vendre / attendre: Marie et Jeanne _____ Maman.
10. rendre / entendre: Nous _____ les livres.

6. How do you say it in French?

1. They are waiting.
2. We hear.
3. He does answer.
4. I am losing.
5. He is coming down.
6. I answer.
7. She does hear.
8. They lose.
9. I come down.
10. We do wait.

Interrogative

Parlons! 2

tu restes à la maison?

1. intonation

Change the following statements into questions by using intonation.

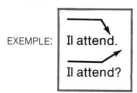

EXEMPLE:

> Il attend.
>
> Il attend?

Il attend. . . . Il attend dans le salon. . . . Il a des disques. . . . Il a des disques pour vous. . . . Marie étudie. . . . Marie étudie les maths. . . . Elle mange. . . . Elle mange la salade.

2. interrogative sentences with est-ce que

Repeat the following questions using **est-ce que.**

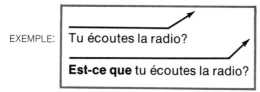

EXEMPLE:

> Tu écoutes la radio?
>
> **Est-ce que** tu écoutes la radio?

Tu écoutes la radio? . . . Vous habitez ici? . . . Tu restes à la maison? . . . Vous restez à la maison? . . . Tu habites ici? . . . Vous écoutez la radio?

3. est-ce qu'

Change the following statements into questions using **est-ce qu'**

EXEMPLE:

> Il travaille à la maison.
>
> **Est-ce qu'**il travaille à la maison?

Il travaille à la maison. . . . Elle reste à la maison. . . . Annette joue à la maison. . . . Andrée travaille à la maison. . . . Elles arrivent à la maison. . . . Ils étudient à la maison.

4. est-ce que / est-ce qu'

Repeat the following question. Then substitute the subject suggested.

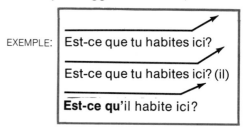

EXEMPLE:

> Est-ce que tu habites ici?
>
> Est-ce que tu habites ici? (il)
>
> **Est-ce qu'**il habite ici?

Est-ce que tu habites ici? . . . il . . . Jean . . . Louise . . . Andrée . . . elle . . . le garçon

5. est-ce que

Form questions using **est-ce que.**

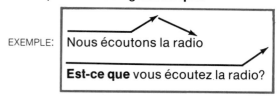

EXEMPLE:

> Nous écoutons la radio
>
> **Est-ce que** vous écoutez la radio?

Nous écoutons la radio. . . . Nous parlons français. . . . Nous travaillons ici. . . . Nous fumons beaucoup. . . . Nous cherchons le garçon. . . . Nous étudions beaucoup.

Lisons! 2

Read the following expressions aloud.

intonation

1. Il attend. Il attend? Est-ce qu'il attend?
2. Marie étudie. Marie étudie? Est-ce que Marie étudie?
3. Elle mange. Elle mange? Est-ce qu'elle mange?
4. Annette joue à la maison.
   Annette joue à la maison?
   Est-ce qu'Annette joue à la maison?

Annette joue à la maison

Pensons! 2

THE INTERROGATIVE

QUESTIONS WITH INTONATION

In speech, a question can be formed by raising the voice at the end of the expression:

Vous parlez français? Do you speak French?

QUESTIONS WITH EST-CE QUE

A second way to form a question is to put the expression **est-ce que** before the subject of the sentence.

Les garçons entrent. The boys are coming in.

Est-ce que les garçons entrent? Are the boys coming in?

Notes:

1. If the subject begins with a vowel sound, the final **e** of **est-ce que** disappears *(elision)*:

   Est-ce qu'il descend? Is he coming down?

2. When **est-ce que** begins a question, the voice rises at the end:

   Est-ce que l'autobus arrive? Is the bus coming?

3. **Est-ce que** is pronounced [ɛskə] The middle **e** is silent.

4. A question beginning with **est-ce que** requires a **oui** or **non** answer:

   Est-ce qu'il descend? "Is he coming down?"
   —Oui, il descend. "Yes, he is coming down."
   —Non, il monte. "No, he is going up."

Ecrivons! 2

1. Change these statements into questions.

Tu écoutes la radio. *Est-ce que tu écoutes la radio ?*

1. Tu regardes beaucoup la télé.
2. Elle entre dans le salon.
3. Vous aidez Maman.
4. Elle aime le chocolat.

5. Vous cherchez l'école.
6. Ils mangent des bonbons.
7. Annette étudie le français.
8. Tu habites à Montréal.

tu regardes beaucoup la télé ?

2. Here are the answers. What were the questions?

Oui, je chante. *Est-ce que tu chantes ?*

Oui, nous dansons. *Est-ce que vous dansez ?*

1. Oui, je fume.
2. Oui, nous restons là.
3. Oui, je travaille.
4. Oui, nous jouons au tennis.

5. Oui, je rentre.
6. Oui, nous habitons à Toronto.
7. Oui, nous aimons les bonbons.
8. Oui, j'étudie les maths.

3. Ask if . . . :

Demandez si Marie arrive bientôt. *Est-ce que Marie arrive bientôt ?*

1. Demandez si Marie écoute la radio.
2. Demandez si elle aime le programme.
3. Demandez si Michel travaille.
4. Demandez s'il aide Maman.

5. Demandez si les garçons regardent la télé.
6. Demandez s'ils étudient aussi.
7. Demandez si Marie et Suzanne rentrent bientôt.
8. Demandez si elles restent à l'école.

4. Ask me whether . . . :

Demandez si j'aime le chocolat. *Est-ce que vous aimez le chocolat ?*

1. Demandez si j'aide Maman.
2. Demandez si je cherche Jean-Paul.
3. Demandez si j'écoute des disques.
4. Demandez si je rentre plus tard.

5. Demandez si j'habite à Hamilton.
6. Demandez si je fume.
7. Demandez si j'étudie la musique.
8. Demandez si je travaille dans le garage.

The Indefinite Article

1. un, une ──→ des

Put into the plural.

EXEMPLE:
| un livre ──────→ **des** livres |
| **une** maison ──→ **des** maisons |

un livre . . . une maison . . . une porte . . . un garçon . . . un professeur . . . une jeune fille

2. liaison with des

Put into the plural.

EXEMPLE:
un ami
des amis

un ami . . . un élève . . . une école . . . une enfant . . . un enfant . . . un exercice . . . une élève . . . un homme

3. liaison / no liaison

Repeat the following sentence. Then substitute the plural noun suggested.

EXEMPLE:
Il parle avec des amis
Il parle avec des amis. (jeunes filles)
Il parle avec des jeunes filles.

Il parle avec des amis. . . . jeunes filles . . . garçons . . . enfants . . . élèves . . . jeunes filles . . . amis

4. des ──→ un, une

Put into the singular.

EXEMPLE:
| *masculin* | **des** garçons ──→ **un** garçon |
| *féminin* | **des** femmes ──→ **une** femme |

masculin   des garçons . . . *féminin*   des femmes . . . *féminin*   des jeunes filles . . . *masculin*   des exercices . . . *féminin*   des lettres . . . *masculin*   des chapeaux

5. des ──→ un, une

Put into the singular.

EXEMPLE:
Il regarde **des** garçons.
Il regarde **un** garçon.

Il regarde **des** femmes.
Il regarde **une** femme.

Il regarde des garçons. . . . Il regarde des femmes. . . . Il regarde des jeunes filles. . . . Il regarde des exercices. . . . Il regarde des lettres. . . . Il regarde des chapeaux.

6. il a . . . pour vous + indefinite article

Repeat the following sentence. Then substitute the noun suggested.

EXEMPLE:
Il a **un** disque pour vous.
Il a **un** disque pour vous. (lettre)
Il a **une** lettre pour vous.

Il a un disque pour vous. . . . lettre . . . stylo . . . radio . . . chapeau . . . lettre . . . disque

Lisons! 3

Read the following expressions aloud.

1. **un/une**
   un garçon, une jeune fille
   un livre, une porte
   un chapeau, une lettre
   un élève, une élève
   un ami, une amie

2. **un: no liaison/liaison**
   un chien, un ami
   un disque, un exercice
   un bruit, un homme
   un professeur, un enfant
   un garçon, un élève

3. **des: no liaison/liaison**
   des chiens, des amis
   des disques, des exercices
   des bruits, des hommes
   des professeurs, des enfants
   des garçons, des élèves

4. des livres, des exercices, des portes, des disques
   un garçon, une jeune fille, un ami, une élève
   un stylo, une lettre, un enfant, un professeur
   des enfants, des hommes, des femmes, des écoles
   une amie, un enfant, une jeune fille, un garçon
   des élèves, un exercice, une femme, des bonbons

Pensons! 3

THE INDEFINITE ARTICLE:

un, une *(a)*, des *(some)*

The indefinite article precedes a noun which is not specific.

un precedes a masculine singular word;
une precedes a feminine singular word;
des precedes a plural word (masculine or feminine).

Paul cherche *un* **stylo.**
Paul is looking for *a* pen. (Any pen, not a specific one.)

Une **jeune fille est à la porte.**
A girl is at the door. (Some girl or other. We don't know who.)

Il cherche *un* **cahier et** *des* **crayons.**
He is looking for *a* notebook and *(some)* pencils.

	"A"	"SOME"
Masc. sing.	UN	
Fem. sing.	UNE	DES Plural

COMPARISON OF
DEFINITE AND INDEFINITE ARTICLES

DEFINITE ARTICLE		INDEFINITE ARTICLE
the = **le, l'** ←	MASC. SING. →	**un** = a
the = **la, l'** ←	FEM. SING. →	**une** = a
the = **les** ←	PLURAL →	**des** = some

38

Ecrivons! 3

1. un, une or **des?**

_____ garçon (m s) *un garçon*

_____ école (f s) *une école*

_____ amis (m pl) *des amis*

1. _____ bruit (m s)
2. _____ salade (f s)
3. _____ disques (m pl)
4. _____ dames (f pl)
5. _____ élève (f s)

6. _____ homme (m s)
7. _____ amis (m pl)
8. _____ maisons (f pl)
9. _____ instant (m s)
10. _____ porte (f s)

2. Put into the singular.

des professeurs: _____ professeur *un professeur*

1. des écoles: _____ école
2. des amis: _____ ami
3. des dames: _____ dame
4. des bruits: _____ bruit
5. des maisons: _____ maison
6. des portes: _____ porte
7. des disques: _____ disque
8. des garçons: _____ garçon
9. des hommes: _____ homme
10. des chambres: _____ chambre.

un disque

une porte

39

Parlons!

1. **est-ce que / est-ce qu'**

Form questions using **est-ce que.**

> EXEMPLE: Demandez si Marie écoute des disques.
> **Est-ce que** Marie écoute des disques?

Demandez si Marie écoute des disques. . . .
Demandez si elle attend le train. . . . Demandez si
Paul entend le bruit. . . . Demandez s'il aime les
maths. . . . Demandez si Annette descend dans la
cuisine. . . . Demandez si Pierre étudie les sciences.

2. **je / vous**

Form questions using **est-ce que.**

> EXEMPLE: Demandez si **j'**attends le train.
> Est-ce que **vous** attend**ez** le train?

Demandez si j'attends le train . . . si je descends
tout de suite . . . si j'écoute la radio . . . si je
regarde la télé . . . si j'étudie l'histoire . . . si je
reste à la maison.

3. **definite article / indefinite article**

Answer the following questions according to
the model given.

> EXEMPLE: Tu cherches **un** livre?
> Oui, je cherche **le** livre de Paul.

Tu cherches un livre? . . . Tu cherches une
lettre? . . . Tu cherches des stylos? . . . Tu
cherches des disques? . . . Tu cherches une
photo? . . . Tu cherches un chapeau?

4. **definite article / indefinite article**

Translate the following expressions into French.

> EXEMPLE: a book
> **un livre**
>
> some books
> **des livres**

a book . . . some books . . . the books . . . the book
. . . a girl . . . some girls . . . the girls . . . the girl . . .
a man . . . some men . . . the men . . . the man.

5. **-er / -re verbs**

Repeat the following sentence. Then substitute
the verb suggested.

> EXEMPLE: Il monte.
> Il monte. (attendre)
> Il **attend.**

Il monte. . . . attendre . . . chanter . . . entendre . . .
entrer . . . descendre . . . rester . . . perdre

il chante

Lisons!

Read the following expressions aloud.

1. **-er / -re** verbs: **pronunciation of verb endings**

1. il descend, ils descendent
2. il reste, ils restent
3. il perd, il demande
4. elle aide, elle entend
5. j'entends, j'aide
6. tu réponds, tu demandes
7. elle aide, elles aident
8. elle entend, elles entendent

2. **definite article / indefinite article: elision and liaison**

1. le salon, l'ami / un salon, un ami
2. la chambre, l'école / une chambre, une école
3. les garçons, les hommes / des garçons, des hommes
4. les femmes, les enfants / des femmes, des enfants

Ecrivons!

1. Choose the verb which logically completes the sentence and write the correct form of this verb.

1. attendre / fermer:	Tu _____ l'autobus?
2. chercher / répondre:	Le professeur _____.
3. arriver / manger:	Le train _____ bientôt.
4. répondre / habiter:	Je _____ à la lettre maintenant.
5. vendre / fumer:	Est-ce que Michel _____ l'auto?
6. entrer / rendre:	Elles _____ les livres.
7. descendre / vendre:	Nous _____ dans la salle de récréation.
8. aider / étudier:	Suzanne _____ l'anglais.
9. aimer / entendre:	Est-ce que vous _____ les bonbons?
10. travailler / rendre:	Les hommes _____ dans le garage.

2. Write in the singular or the plural.

1. le livre:	_____ livres	7. les enfants:	_____ enfant
2. des garçons:	_____ garçon	8. la cuisine:	_____ cuisines
3. la dame:	_____ dames	9. un disque:	_____ disques
4. une chambre:	_____ chambres	10. des maisons:	_____ maison
5. des écoles:	_____ école	11. les amis:	_____ ami
6. des bruits:	_____ bruit	12. un professeur:	_____ professeurs

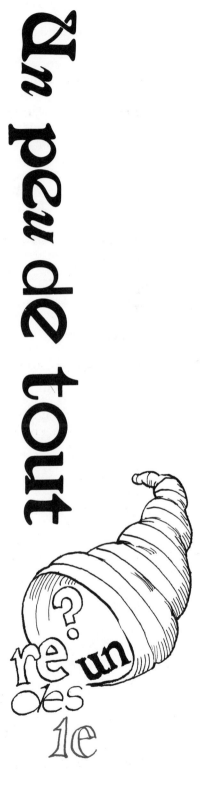

3. Answer the questions. Use pronouns.

Est-ce que **Paul** fume? *Oui, il fume.*

1. Est-ce que **Marie** attend?
2. Est-ce que **les enfants** dansent?
3. Est-ce que **le programme** commence?
4. Est-ce que **Paul et Jean** aiment la salade?
5. Est-ce que **les hommes** arrivent bientôt?
6. Est-ce que **Maman** travaille?
7. Est-ce que **le garçon** écoute la radio?
8. Est-ce que **la classe** commence?
9. Est-ce que **les dames** répondent?
10. Est-ce que **les programmes** continuent?

4. Make up five questions using one word from each list. Use a different subject in each question.

EXEMPLE: | **entendre, chien** |

Est-ce que tu entends le chien?
Est-ce que Marie entend le chien? etc.

vendre	salle de récréation
entendre	bruit
attendre	cuisine
étudier	sciences
descendre	maison
perdre	**chien**

5. How do you say it in French?

1. the boy
2. a boy
3. a girl
4. the girl
5. an exercise
6. the exercise
7. a woman
8. the woman
9. a record
10. the record
11. the friend
12. a friend

6. How do you say it in French?

1. Michael is waiting.
   Is Michael waiting?
2. She hears the noise.
   Does she hear the noise?
3. He's coming down.
   Is he coming down?
4. Mr. Dubois is selling the house.
   Is Mr. Dubois selling the house?
5. Paul and John play in the recreation room.
   Do Paul and John play in the recreation room?

Un peu de tout

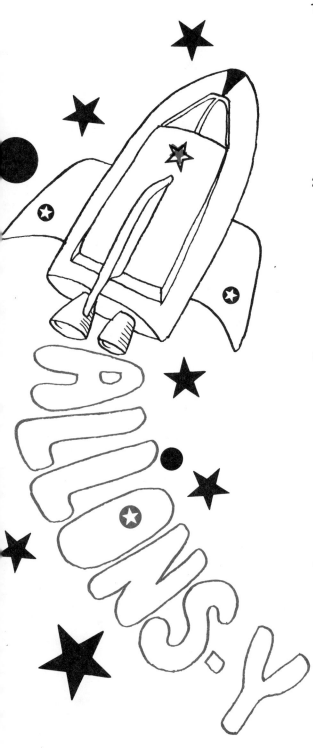

1. Faced with the following problems, what question do you ask to get the necessary information?

   1. You can't see who is speaking.
   2. You can't see who is coming into the room.
   3. You want to know who is going home.
   4. You don't know to whom to offer a cigarette.
   5. You want to know who is coming upstairs.
   6. You must find out who lives in Montreal.
   7. You don't know who lives there.

2. Using **quel,** what exclamation would you make in reaction to the following situations? Make sure your voice expresses what you feel.

   1. Your little brother has just broken your favorite record.
   2. Someone you know well gives you a gift of money.
   3. They have begun to tear down the house beside yours.
   4. You love your teacher!
   5. You are trying to write but the lead keeps breaking.
   6. You love the recorded music!

3. The computer has made a mess of your timetable. Unscramble the words and write them correctly.

   Période 1: pragegiého
   Période 2: leratie
   Période 3: sçarfain
   Période 4: ne dis s
   Période 5: je reduné
   Période 6: umiuqse
   Période 7: lasinga
   Période 8: ne sicsec
   Période 9: tu ne dic pas qué yohi

4. Answer the following questions modeling your answers on this example.

   Tu étudies dans le salon?
   Oui, mais j'étudie dans la salle à manger aussi.

   1. Tu aimes la télé?
   2. Tu joues avec Pierre?
   3. Tu parles anglais?
   4. Tu regardes la télé dans le salon?
   5. Tu manges dans la salle à manger?

5. Make up little conversations modeled on this example. Supply an original last line yourself.

> – Est-ce que Marie parle?
> – Non.
> – Alors qui parle?
> – *C'est Suzette.*

1. Est-ce que Jean-Paul attend?
2. Est-ce que les enfants arrivent?
3. Est-ce que vous rentrez?
4. M. Leduc habite ici?
5. Vous regardez la télé?
6. Marie et Suzanne descendent?

6. Answer the following questions in the negative.

EXAMPLE:

> → Tu étudies?
> – Non, j'écoute un disque.

1. Tu joues?
2. Tu étudies l'histoire?
3. Tu descends?
4. Tu travailles?
5. Tu aimes les sciences?
6. Tu habites ici?

7. Following the example, make statements about the following definitions.

EXAMPLE:

> | Definition | Statement |
> |---|---|
> | un animal à la maison | **C'est un chien.** |

1. un garçon à l'école
2. un monsieur à l'école
3. un bébé
4. le contraire d'un monsieur
5. le contraire d'un homme

8. Using one of the listed adverbs, what would you say in each of the following situations?

Adverbs
un instant
bientôt
plus tard
maintenant

1. Someone has been trying to contact your boss for a long time. He is annoyed. You try to quieten him by saying:
Il arrive _____.
2. A client is early for an appointment. Your boss is busy. He says:
Attendez _____.
3. Mom and Dad have gone to a show and arrive home first. Paul and Mary have gone to a dance and come home after their parents.
Paul et Marie rentrent _____.
4. It is 9:00 p.m. The train is to arrive at 9:02.
Le train arrive _____.
5. Mother wants to take a nap in peace and quiet. She says to her two daughters:
Écoutez les disques _____.
6. You call on Jean-Paul. Can he come and play hockey? His mother says:
Non, il travaille _____.

9. Answer the following questions using the words given.

1. Pourquoi est-ce que Paul attend?
(parce que / rendre / disques)
2. Pourquoi est-ce que Marie ferme la porte?
(parce que / entendre / bruit)
3. Pourquoi est-ce que Jean-Paul descend dans la salle à manger?
(parce que / chercher / bonbons)
4. Pourquoi est-ce que Michel étudie?
(parce que / le professeur / entrer dans la salle)
5. Pourquoi est-ce que Michel écoute la radio?
(parce que / aimer / musique)

10. 1. If A calls to B "Descendez un instant", what is the space relationship between the two?
2. If you reverse this space relationship, what would A call to B?

11. Trouvez dans le dialogue

1. un contraire de: montez, ici, Papa, non.
2. un synonyme de: une minute, fantastique.

12. Create your own dialogue by providing new information where required.

Maman: Henri! . . . ! Montez . . . .
Henri: Pourquoi? Est-ce que . . . est là?
Maman: Oui, . . . attend dans . . . .
        . . . a . . . pour vous.
Henri: . . . ! Nous . . . tout de suite.

13. Student 1 reads the first statement from Column A.
Student 2 reads a question from Column B.
Student 3 selects a logical answer from Column C.
Student 2 accepts or rejects the answer as possible or not.

A SITUATION	B QUESTION	C ANSWER
1. Il rentre.	Quand?	Avec papa. À 8 heures.
2. Elle aide Maman.	Qui? Où?	Bientôt. Là. Marie.
3. Ils attendent.	Pourquoi? Quand? Qui? Où?	À Montréal. Maintenant. Paul. M. et Mme Duclos. Ils rendent les disques.
4. Elles regardent la télé.	Où? Qui? Pourquoi? Quand?	Paul et Marie. M. et Mme Leblanc. Marie et Suzette. Maintenant. Dans la salle à manger. Elles aiment le programme.

14. Write a story by changing each line into a French sentence.

Henri et Michel / étudier / maths.
Maman / entrer dans / chambre / où / travailler.
– Descendez / instant / vous deux!
Jean-Paul / attendre / salon.
Il a / disques / pour vous.
Les deux garçons / fermer / livres / et / descendre / tout de suite.

15. Develop the following outline into a story. If you have the knowledge, add extra details which will make the story a more personal creation.

Madame Renac cherche le calme
Mme Renac / fermer / portes / de la maison /
Pourquoi? /
Chercher / calme /
Détester / bruit /
Et quel bruit / maison /
Jean-Paul / étudier / histoire / salle de récréation /
mais / écouter / disques / aussi /
Aimer / musique / mais / détester / histoire /
Quel bruit! /
Mme Renac / fermer / porte / tout de suite / parce que / Michel / étudier / géographie / salon /
– Mais / regarder / télé / aussi /
Aimer / télé / mais / détester / géographie /
Quel bruit! /
Mme Renac / fermer / porte / tout de suite / parce que / Marie / étudier / maths / salle à manger /
Mais / écouter / radio / aussi /
Et / danser / et / chanter /
Quel bruit! /
– Mme Renac / fermer / porte / tout de suite / parce que / M. Renac / est / cuisine /
Quand / entrer dans / cuisine / M. Renac / manger / un morceau de céleri /
Quel bruit! /
Mme Renac / fermer / porte / tout de suite /
Chercher / calme / en vain! /

Entre Nous

MONSIEUR, MADAME, MADEMOISELLE

Have you ever wondered where our words Mister (Mr.), Missis (Mrs.) and Mistress (Miss) came from?

If you go far back in the history of language you find that they all started with the Latin word *magister* meaning "master". Over the years, the pronunciation of the word changed and it evolved into its present day form. *Mistress* also finds its origin in *magister* but the Greek ending *-ssa* indicating the idea "small" was added. Over the years, this word evolved into *Mistress*.

For many years, feminists have been trying to establish the word *Ms.* Why have they been trying to establish this new title?

The French words for Mr., Mrs., Miss have their own story. **Monsieur** (Mister) is composed of **mon sieur.** **Sieur** is derived from the Latin *senior* meaning "older". **Madame** (Missis) is composed of **ma dame** and comes from the Latin *mea domina* (My Lady). **Mademoiselle** (Miss) is composed of **madame** and the Latin ending *-ella* meaning "young".
The plural forms of these words reinforce the fact that each title is made up of two words. Notice that both the first part and the last part of the words change.

	SINGULAR	PLURAL
monsieur	mon – sieur	m**es** – sieur**s**
madame	ma – dame	m**es** – dame**s**
mademoiselle	ma – demoiselle	m**es** – demoiselle**s**

The French have abbreviated forms of these words just as we do.

Mr.	=	**M.**
Mrs.	=	**Mme**
Miss	=	**Mlle**

Only **M.** has a period after it. Be careful of the pronunciation of **monsieur**. The **mon** part is pronounced [mə] to rhyme with **le**.

??? QUESTIONS ???

Questions play an important part in your daily life. If you think back over the conversations you've had today, you will discover that you've asked a lot of questions. And yet, if a foreigner were to ask you how to form a question in English, would you be able to tell him? Try! How would you turn the following statements into questions?

1. Paul is coming home for lunch.
2. Paul comes home for lunch.

Each language has its own patterns for forming questions.
English is the only modern language that uses the question-pattern for Example 2 above – that is, the use of a special verb (*to do*).

In written Spanish, an upside-down question mark is placed at the beginning of a sentence as well as a question mark at the end.

¿Cómo estás?

In spoken and written French **est-ce que** performs the same function as the upside-down question mark in Spanish. **Est-ce que** is a signal indicating that a question follows.

Est-ce que = ?

PROJECT:

1. How many patterns does English have for questions?
2. In what way are French patterns for questions similar and in what way are they different?

ON

They say it's going to rain.
You should look both ways before crossing the street.

If you were asked to identify *they* in the first sentence, or *you* in the second sentence, you wouldn't be able to. *They say it's going to rain* means *People* (in general) *say it's going to rain. It is reported that it's going to rain.*

You should always look both ways before crossing the street doesn't mean *you* personally. It means *people in general.* These ideas can also be expressed by the word *one.*

One should always tell the truth.
You should always tell the truth.

In French, these ideas are all expressed by the very useful pronoun **on.**

Est-ce qu'on vend des disques ici?

Do you sell records here?
Do they sell records here?
Does one sell records here?

The English word *you* can be expressed in French in three different ways depending on the circumstances.

1. **tu** – *you* when talking to someone you know well.
2. **vous** – *you* when talking to someone you don't know well

or

you when talking to several people whether you know them well or not

or

3. **on** – when *you* does not refer to specific people, when *you* is impersonal.

On is always third person singular. It takes the same verb endings as **il** or **elle.**

PROJECT:

What French word would you use for the pronouns in the following sentences? Explain your choice.

1. Mary, are *you* coming to our place tonight?
2. *You* never know what's around the next corner.
3. Mr. Dumas, have *you* been to Europe?
4. After eating *you* should wait two hours before swimming.
5. "Where are Mr. & Mrs. Séguin?" "*They're* in the garden."
6. I phoned the post office and *they* said there is no delivery.
7. Whenever *they* say the weather is going to be nice, it pours!
8. If *you* drink, don't drive.
9. Dad, are *you* going to work tomorrow?
10. Dave! Shirley! Where are *you*?

SYLLABLES

In order to improve your French pronunciation, it is important to know how French words are divided into syllables.

A French word contains as many syllables as it does vowel sounds.

Alors contains two vowel sounds. Therefore, it contains two syllables.

Pourquoi contains five vowels but only two vowel sounds. Therefore, **pourquoi** contains two syllables.

One consonant between two vowel sounds is pronounced with the second vowel sound.
a – lors

Two consonants between two vowel sounds are divided.
pour – quoi

Practise pronouncing the following words.

sa – lon	re – gar – dez
man – ger	ha – bi – ter
cui – sine	dé – tes – ter
é – co – no – mie	

AH, LES ENFANTS!

C

M. Dubois:	Bonjour, monsieur Lebrun. Vous attendez l'autobus?
M. Lebrun:	Oui, j'attends depuis dix minutes déjà!
M. Dubois:	Mais vous avez une voiture?!
M. Lebrun:	Mon fils a la voiture aujourd'hui. Et vous?
M. Dubois:	Mes filles ont une leçon de danse.
M. Lebrun:	Ah, ils sont malins, les enfants!

Vocabulaire du dialogue

MASCULIN

l'autobus	bus
l'enfant	child
le fils	son

FÉMININ

la danse	dancing
la fille	daughter
la leçon	lesson
la minute	
la voiture	car

VERBES

a	has
avez	have
ont	have
sont	are

EXPRESSIONS

aujourd'hui	today
déjà	already
J'attends depuis dix minutes.	
I have been waiting for ten minutes.	
malin	sharp
mon, mes	my

Expansion du vocabulaire

LA FAMILLE (Family)

l'enfant	child
la fille	daughter
le fils	son

les parents (m)	
la mère	mother
le père	father
la femme	wife
le mari	husband
la soeur	sister
le frère	brother

LE TEMPS (Time)

la minute	

le jour	day
le mois	month
l'an (m)	year
l'heure (f)	hour
la semaine	week

LES NOMBRES (Numbers)

dix	ten

un	one	**six**	six
deux	two	**sept**	seven
trois	three	**huit**	eight
quatre	four	**neuf**	nine
cinq	five	**dix**	ten

(See reference section for the review of all numbers.)

Savez-vous les nouveaux mots?

1.
1. Est-ce qu'elle est _____ ici? – Oui, elle attend dans le salon depuis 5 minutes.
2. Après l'histoire nous avons une _____ de français.
3. Donnez un synonyme de *auto*. C'est la _____.
4. Nous dansons beaucoup. Nous avons une leçon de _____ aujourd'hui.
5. C'est samedi. Ils arrivent samedi. Alors, ils arrivent _____.
6. Vous attendez l' _____ , monsieur Lebrun? – Oui, mon fils a la voiture.
7. Un enfant intelligent est un enfant _____.

2. LA FAMILLE

M. et Mme Lebrun ont deux enfants, Pierre et Marie. Complétez les phrases suivantes.

1. Pierre est _____ _____ de M. Lebrun.
2. M. et Mme Lebrun sont _____ _____ de Pierre et de Marie.
3. M. Lebrun est _____ _____ de Mme Lebrun.
4. Marie est _____ _____ de Pierre.
5. M. Lebrun est _____ _____ de Marie.
6. Marie est _____ _____ de M. et Mme Lebrun.
7. Pierre est _____ _____ de Marie.

8. Mme Lebrun est _____ _____ de M. Lebrun.
9. Pierre et Marie sont _____ _____ de M. et Mme Lebrun.
10. Mme Lebrun est _____ _____ de Marie.

3. LE TEMPS

1. 60 secondes =
2. 60 minutes =
3. 24 heures =
4. 7 jours =
5. 4 semaines =
6. 52 semaines =
7. 12 mois =
8. 365 jours =

4. MOTS CROISÉS

QUESTIONNAIRE

1. Qui attend l'autobus?
2. Depuis quand est-ce que M. Lebrun attend l'autobus?
3. Qui a la voiture de M. Lebrun?
4. Qui a la voiture de M. Dubois? Pourquoi?
5. Pourquoi est-ce que les enfants sont malins?

50

DEPUIS with the Present Tense

Parlons! 1

1. depuis + present tense

Paul arrived at the bus stop at 9 o'clock. How long has he been waiting?

> EXEMPLE:
> Il est maintenant neuf heures deux.
> Paul attend depuis deux minutes.

Il est maintenant neuf heures deux. . . . neuf heures sept . . . neuf heures quatre . . . neuf heures trois . . . neuf heures deux.

2. depuis + present tense

Repeat the following sentence. Then substitute the verb given.

> EXEMPLE:
> Elle étudie depuis 10 minutes.
> Elle étudie depuis 10 minutes. (manger)
> Elle mange depuis 10 minutes.

Elle étudie depuis 10 minutes. . . . manger . . . attendre . . . danser . . . travailler . . . attendre . . . chanter.

3. depuis + present tense

Repeat the following sentence. Then substitute the word given.

> EXEMPLE:
> Elle étudie depuis trois minutes.
> Elle étudie depuis trois minutes. (deux)
> Elle étudie depuis deux minutes. (nous)
> Nous étudions depuis deux minutes.

Elle étudie depuis trois minutes. . . . deux . . . nous . . . quatre . . . je . . . trois . . . il.

il mange depuis
trois heures

Lisons! 1

Read the following sentences aloud.

Note that the voice rises at the end of a phrase and falls at the end of a statement.

1. Paul attend depuis deux minutes.
2. Elle parle depuis une minute.
3. Il mange depuis dix minutes.
4. Nous étudions depuis trois minutes.
5. Les garçons travaillent depuis sept minutes.

Pensons! 1

THE PRESENT TENSE WITH **DEPUIS**

The present tense of the verb plus **depuis** with an expression of time indicates that an action begun in the past is still going on.

Il **attend depuis** dix minutes.
He *has been waiting for* ten minutes. (and he is still waiting)

The present tense is used in French to stress that the action *is still going on.* Note that English uses a past tense to express the same idea.

les garçons
travaillent
depuis 7 minutes

Ecrivons! 1

1. Complete the sentences as in the examples.

Il joue . . . (9h ⟶ 9h 10) *Il joue depuis dix minutes.*

1. Nous parlons . . . (1h ⟶ 1h 5)
2. Marie attend . . . (2h ⟶ 2h 9)
3. Ils chantent . . . (7h ⟶ 7h 10)
4. J'écoute la radio . . . (9h ⟶ 9h 8)

Il travaille . . . (lundi ⟶ mercredi) *Il travaille depuis trois jours.*

5. J'aide Maman . . .(samedi ⟶ dimanche)
6. Nous travaillons . . . (lundi ⟶ jeudi)
7. Nous étudions . . . (mardi ⟶ vendredi)
8. Elle cherche le livre . . . (mardi ⟶ mercredi)

Il habite à Montréal . . . (1968 ⟶ maintenant) *Il habite à montréal depuis ? ans.*

9. J'étudie le français . . . (1970 ⟶ maintenant)
10. M. Lebrun travaille à Westinghouse . . .
    (1969 ⟶ maintenant)
11. Nous habitons à Windsor . . .
    (1968 ⟶ maintenant)
12. Nous vendons des disques . . .
    (1971 ⟶ maintenant)

2. How do you say it in French?

1. He is waiting.
2. He has been waiting for ten minutes.
3. I am studying French.
4. I have been studying French for ten minutes.
5. We are watching television.
6. We have been watching television for ten minutes.
7. They are working.
8. They have been working for ten minutes.

vous attendez depuis quand?

ARRÊT

Plural of Nouns and Adjectives

Parlons! 2

1. plural of nouns

Note that the pronunciation of a noun does not change in the plural. The pronunciation of the article indicates that the noun is plural.

Put into the plural.

EXEMPLE:
le chien
les chiens
un chien
des chiens

le chien . . . un chien . . . la porte . . . une porte . . . la femme . . . une femme . . . le stylo . . . un stylo . . . la chambre . . . une chambre . . . le salon . . . un salon

2. plural of nouns

There are two sound signals to indicate a plural noun beginning with a vowel sound: The pronunciation of the article in front of the noun and the liaison between the article and the noun.

Put into the plural.

EXEMPLE:
l'école
les écoles
une école
des écoles

l'école . . . une école . . . l'ami . . . un ami . . . l'élève . . . un élève . . . l'enfant . . . un enfant . . . l'exercice . . . un exercice . . . l'homme . . . un homme

3. plural of nouns and adjectives

Adjectives, like nouns, do not change pronunciation in the plural.

Put into the plural.

EXEMPLE:
le petit salon
les petits salons

le petit enfant

le petit salon . . . le grand salon . . . le grand garçon . . . le jeune garçon . . . la jeune fille . . . la jeune femme

4. plural of masculine nouns and adjectives which involve liaison

Put into the plural.

EXEMPLE:
le petit ami
les petits amis

les petits enfants

le petit ami . . . le jeune ami . . . le jeune élève . . . le petit élève . . . le petit enfant . . . le jeune enfant

5. combination of exercises 3 and 4

Repeat the following expression. Then substitute the plural noun given.

EXEMPLE:
les petits garçons
les petits garçons (enfants)
les petits enfants

les petits garçons . . . enfants . . . amis . . . livres . . . élèves . . . garçons . . . enfants

Lisons! 2

Read the following expressions aloud.

1. liaison / no liaison

1. un garçon, des garçons
2. un ami, des amis
3. une jeune fille, des jeunes filles
4. une amie, des amies
5. un homme, des hommes
6. un fils, des fils
7. une femme, des femmes
8. une école, des écoles

les petits garçons

les grands chiens

2. liaison / no liaison

1. des écoles, les écoles, les salles
2. des amis, les amis, les garçons
3. des élèves, les élèves, les professeurs
4. des hommes, les hommes, les femmes
5. des exercices, les exercices, les cahiers

3. no liaison / liaison

1. les petits garçons, les petits amis
2. les grands livres, les grands hommes
3. les petits salons, les petits élèves
4. les grands trains, les grands amis
5. les petits chiens, les petits enfants
6. les grands bruits, les grands élèves

les grands garçons

les petits chiens

Pensons! 2

THE PLURAL OF NOUNS AND ADJECTIVES

In written French, most nouns and adjectives *in the plural* end in **s**.

SINGULAR	PLURAL
le garçon	le**s** garçon**s**
le petit garçon	le**s** petit**s** garçon**s**
la jeune fille	le**s** jeune**s** fille**s**
l'ami	le**s** ami**s**
le jeune ami	le**s** jeune**s** ami**s**

Notes:
1. The **s** at the end of the noun is not pronounced.
2. the **s** at the end of an adjective is not pronounced before a consonant sound.

EXAMPLE: 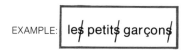 le**s** petit**s** garçon**s**

3. The **s** at the end of an adjective is pronounced before a vowel sound.

EXAMPLE: le**s** jeune**s** ami**s** **[z]**

Ecrivons! 2

l'enfant terrible

1. Write in the singular.

des enfant**s** malin**s**

Un enfant malin

1. les petits enfants
2. les hommes intelligents
3. les voitures rouges
4. des livres formidables
5. les élèves canadiens
6. des jeunes filles

2. Write in the plural.

un enfant malin

Des enfants malins

1. le jeune garçon
2. un homme formidable
3. la robe rouge
4. le petit garçon
5. une jeune femme
6. l'enfant terrible

Present Tense of AVOIR

Parlons! 3

1. introduction to avoir

Answer in the affirmative. Use pronouns.

EXEMPLE:
> **Il a** des livres. **Paul a** des livres aussi?
> Oui, **il a** des livres.

Il a des livres. Paul a des livres aussi?
J'ai des livres. Tu as des livres aussi?
Elle a des livres. Marie a des livres aussi?
Nous avons des livres. Vous avez des livres aussi?
Ils ont des livres. Les garçons ont des livres aussi?
Elles ont des livres. Les jeunes filles
ont des livres aussi?

2. elision with je and liaison with nous
Answer in the affirmative.

EXEMPLE:
> Tu as une Pontiac?
> Oui, **j'ai** une Pontiac.
>
> Vous avez une Pontiac, vous deux?
> Oui, **nous avons** une Pontiac.

Tu as une Pontiac? . . . Vous avez une Pontiac,
vous deux? . . . Tu as une Ford? . . . Vous avez une
Ford, vous deux? . . . Tu as une Chevrolet? . . . Vous
avez une Chevrolet, vous deux?

3. liaison with ils and elles

Replace all noun subjects by pronouns.

EXEMPLE:
> **Paul** a des livres.
> **Il** a des livres.
>
> **Paul et Jean** ont des livres.
> **Ils** ont des livres.

Paul a des livres. . . . Paul et Jean ont des livres. . . .
Marie a des livres. . . . Marie et Suzanne ont des
livres. . . . Les jeunes filles ont des livres. . . . La
jeune fille a des livres. . . . Les garçons ont des
livres. . . . Le garçon a des livres.

4. present tense of avoir

Repeat the following sentence. Then replace the
subject with the word given.

EXEMPLE:
> **L'élève a** trois livres.
> **L'élève a** trois livres. (Je)
> **J'ai** trois livres.

L'élève a trois livres. . . . Je . . . Vous . . . Les jeunes
filles . . . La jeune fille . . . Nous . . . Tu . . . Les élèves
. . . Qui . . . L'élève

Lisons! 3

Read the following expressions aloud.

1. *If the subject ends in the sound [l] and the verb begins with a vowel sound, the [l] is pronounced as if it were the first letter of the verb.*

   1. la, il a
   2. la, elle a
   3. la, Paul a
   4. la, Nicole a
   5. la, elle a
   6. la, il a

2. **no liaison / liaison**

   1. nous parlons, nous avons
   2. vous parlez, vous avez
   3. ils parlent, ils ont
   4. elles parlent, elles ont
   5. on parle, on a

j'adore

3. [ʒə / ʒe / ʒa]
   1. je, j'ai, j'écoute
   2. je, j'ai, j'étudie
   3. je, j'ai, j'adore
   4. je, j'ai, j'attends

Pensons! 3

AVOIR: *(TO HAVE)*

Certain French verbs do not follow a definite pattern. That is why they are called *irregular*. Each form of an irregular verb must be memorized.

AVOIR is an irregular verb.

PRESENT TENSE OF **AVOIR** *(TO HAVE)*

j'ai*	nous avons
tu as	vous avez
il a	ils ont
elle a	elles ont
Pierre a	Pierre et Marie ont
on a	les enfants ont
qui a?	

I have, I do have, I am having

Notes:

1. In the spoken language the forms **as** and **a** sound the same.
2. In the plural, there is liaison between the pronoun subject and the verb.

   nous avons
   vous avez
   ils ont
   elles ont

58

Écrivons! 3

1. Write the correct form of **avoir.**

Elle _____ un stylo.

Elle a un stylo.

1. Tu _____ une voiture?
2. Ils _____ des amis.
3. Marie _____ deux soeurs.
4. J' _____ dix dollars!
5. Le garçon _____ des disques.

6. Nous _____ les livres.
7. Qui _____ mon stylo?
8. Vous _____ un frère?
9. Les élèves _____ des cahiers.
10. Elle _____ une robe rouge.

2. Substitute the verb **avoir** for the verb in the sentence — if it's possible!

1. Nous **habitons** ici.
2. Je **reste** à la maison.
3. Elles **mangent** des bonbons.
4. Est-ce que vous **regardez** la photo?
5. Tu **aimes** le chocolat?
6. Qui **fume** une cigarette?
7. Je **cherche** un ami intéressant.
8. Pierre **entend** le bruit.
9. Les enfants **rendent** les livres.
10. Est-ce qu'il **vend** la voiture?

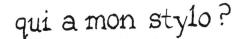

qui a mon stylo?

Parlons!

1. depuis + present tense

Answer the following questions using the words suggested.

EXEMPLE:
> Depuis quand est-ce que vous habitez ici?
> (un mois)
> J'habite ici depuis un mois.

Depuis quand est-ce que vous habitez ici? (un mois)
Depuis quand est-ce que vous attendez ici? (une heure)
Depuis quand est-ce que vous étudiez ici? (un an)
Depuis quand est-ce que vous travaillez ici? (une semaine)
Depuis quand est-ce que vous restez ici? (un jour)

2. depuis + present tense of avoir

Answer the following questions according to the model.

EXEMPLE:
> Est-ce que Paul a une Pontiac?
> Oui, il a une Pontiac depuis un mois.

Est-ce que Paul a une Pontiac? . . . Est-ce que tu as une Pontiac? . . . Est-ce que vous avez une Pontiac, monsieur? . . . Est-ce que Paul et Marie ont une Pontiac? . . . Est-ce que Suzanne a une Pontiac? . . . Est-ce que vous avez une Pontiac, vous deux?

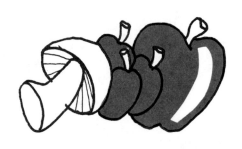

Un peu de tout

Lisons!

Read the following sentences aloud.

Note that the voice rises at the end of a phrase and falls at the end of a statement.

1. — Depuis quand est-ce que tu attends?
   — J'attends depuis cinq minutes.

2. — Depuis quand est-ce que tu attends l'autobus?
   — J'attends l'autobus depuis cinq minutes.

* * * *

3. — Depuis quand est-ce que Paul travaille?
   — Il travaille depuis deux mois.

4. — Depuis quand est-ce que Paul travaille à Vancouver?
   — Il travaille à Vancouver depuis deux mois.

* * * *

5. — Depuis quand est-ce que vous jouez?
   — Nous jouons depuis une heure.

6. — Depuis quand est-ce que vous jouez au hockey?
   — Nous jouons au hockey depuis une heure.

Écrivons!

1. Change these sentences into the singular or into the plural.

J'ai un stylo. *Nous avons des stylos.*

Vous cherchez les enfants?
Tu cherches l'enfant?

1. Il a un cahier rouge ici.
2. Nous avons des livres intéressants.
3. Tu as une robe rouge?
4. Le professeur entend un bruit.
5. Les enfants attendent les autobus.
6. La jeune fille parle avec un ami.
7. J'ai la voiture aujourd'hui.
8. Le garçon cherche un livre.

2. Answer these questions using the information given.

Depuis quand est-ce que Jean habite ici? (2 ans)
Il habite ici depuis deux ans.

1. Depuis quand est-ce que Pierre étudie le français? (2 ans)
2. Depuis quand est-ce que vous avez une voiture, vous deux? (6 mois)
3. Depuis quand est-ce qu'on attend? (2 semaines)
4. Depuis quand est-ce que tu as le livre? (3 jours)
5. Depuis quand est-ce que M. Lebrun travaille à Montréal? (5 ans)
6. Depuis quand est-ce que vous écoutez la radio? (1 heure)
7. Depuis quand est-ce que Mme Dubois habite à Québec? (8 ans)
8. Depuis quand est-ce que tu attends le prof? (10 minutes)

3. Arrange the following words to form sentences.

1. vous / les / étudiez / est-ce que / maths?
2. le / minutes / train / dix / attend / depuis / elle
3. rouge / avons / voiture / nous / aussi / une
4. dans / bientôt / je / la / récréation / descends / de / salle
5. les / l' / sciences / aime / garçons / Marie / anglais / mais / aiment / les
6. voiture / qui / la / aujourd'hui / a ?
7. jours / a / semaine / une / sept
8. vous / depuis / à / habitez / est-ce que / Québec / quand?

4. How do you say it in French?

1. a book
2. the book
3. some books
4. the books
5. the schools
6. a school
7. some schools
8. the school
9. some men
10. a man
11. the men
12. the man
13. the car
14. some cars
15. the cars
16. a car

5. Express in French the words in italics using either **on** or a personal subject with the verb.

1. *They* speak French in Quebec.
2. Marie and Pierre? Yes, *they speak* French.
3. *Do you sell* records, Peter?
4. *Do you sell* records in this shop?
5. *They watch* television a lot in America.
6. My parents? *They watch* occasionally.
7. *You hear* the birds in the spring.
8. *You hear* that noise, don't you?
9. His friends? *They stay* at home when they're ill.
10. Up north, *they stay* in when it snows.

61

1. As you read each word below, what other French word that you know comes to mind?

   1. l'anglais
   2. Saint-Valentin
   3. l'explosion
   4. la soupe
   5. la cigarette
   6. l'algèbre
   7. la radio
   8. Picasso
   9. le tennis
   10. la mécanique
   11. Beethoven

2. What would *YOU* say?!?!

   Formidable!
   Tout de suite!
   Plus tard!
   Beaucoup!

   1. Il a une lettre pour vous — ____!
   2. La jeune fille joue au tennis? — Ah oui, ____!
   3. Tu aimes le chien? — Oui, ____!
   4. Jean rentre maintenant? — Non, ____!
   5. Jean-Paul! Le téléphone! C'est Suzanne!
      — ____!
   6. On déteste la musique classique ici? — ____!
   7. Je réponds à la question ____!
   8. Elle porte le chapeau bleu? — ____!
   9. Voilà un sac de bonbons! — ____!

3. **Write a story!**

   Change each of these ideas into complete sentences. Then, where possible, join the sentences with **parce que** or **et**.
   Add any extra ideas you know how to express in French.

   1. M. Lebrun / attendre / autobus.
   2. Paul Lebrun / avoir / voiture / aujourd'hui.
   3. Dix minutes plus tard / ami, M. Dubois / arriver.
   4. Marie et Suzette Dubois / avoir / leçon de danse / aujourd'hui.
   5. Elles / avoir / voiture.
   6. Pères / attendre / autobus.
   7. Enfants / avoir / voiture.
   8. Ah! / enfants / sont malins.

4. Find the intruders

In the following list of words, the French and the English word look alike. However there are *two words* which look alike, but which mean something different in each language. *Find these two intruders.*

la photo	photo
le train	train
attendre	to attend
descendre	to descend
le chocolat	chocolate
la leçon	lesson
rester	to rest
danser	to dance
un instant	an instant
la géographie	geography

5. Develop conversations based on the following outlines:

1. — Il / aider / Papa?
   — Non.
   — Alors / il / étudier?
   — Non.
   — Pourquoi?
   — Parce que / il / regarder / programme / à la télé.

2. — Quel / bruit! / Vous / écouter / disques?
   — Non.
   — Alors / vous / regarder / télé?
   — Non.
   — Mais / quel / bruit!
   — Oui / Jean-Paul / chanter / dans / salle de bain.

3. — Ils / chercher / disques / pour / Hélène.
   — On / vendre / disques / là?
   — Oui / on / trouver / disques / classiques / là.

6. Magnets

A word in column A attracts through meaning a word in Column B. What two words attract one another?

A	B
auto	fille
fils	aujourd'hui
danser	école
exercices	voiture
mari	chocolat
maintenant	bébé
étudier	éducation physique
manger	perdre
parler	grand
trouver	anglais
petit	disque
petit enfant	femme

7. A friend calls you on the phone.

How would the following conversations sound in French?

1. "How long have you been studying?"
   "For two hours."

2. "How long have you been watching TV?"
   "For an hour."

3. "How long have you been listening to the radio?"
   "For ten minutes."

4. "How long have you been working?"
   "For twenty minutes."

5. "How long have you been waiting for Jean-Paul?"
   "For ten minutes."

8. Double Play

For each word in column A find a word in column B that is related in meaning, a word in column C that is opposite in meaning.

A	B	C
travailler	femme	rentrer
homme	garçon	père
enfant	fils	jouer
jeune homme	attendre	parent
mère	père	fille
rester	étudier	femme

9. Find the intruder

In each of the following lists of words there is one that doesn't belong. Which one is it? In each case explain your choice.

EXAMPLE: | Suzanne, Marie, Marc, Annette, Hélène.
Marc.

1. homme, dame, mère, femme
2. autobus, train, porte, voiture
3. économie domestique, école, histoire, soeur
4. pourquoi, comment, quand, où, parce que
5. danser, chanter, jouer, travailler
6. chambre, salon, cuisine, leçon
7. rester, entendre, écouter, regarder
8. petit, malin, grand
9. salade, chocolat, dessin
10. heure, bientôt, semaine, mais, an
11. maths, sciences, ami, livre, cahier
12. aider, anglais, français, parler, allô

10. Find the hidden word

Sometimes you can find short words hidden within longer words. Write out the words that are the hiding place for the following short words.

EXAMPLE: | **Tu** dans une auto. – Voi**tu**re
On dans un fils. – Garç**on**

1. **On** dans des chocolats.
2. **Un** dans un jour.
3. **An** dans un fils ou une fille.
4. **Moi** dans trente jours.
5. **Main** dans sept jours.

11. Word magic

Add the right letter to the beginning of each of the following words and you will discover words that you know!

on   ange   hante   rois   arc

12. Script writing

You have been assigned to do a television interview with Brigitte, a French entertainer who is appearing at a local night club.

1. You already have a lot of information about her, but you are missing the following details. What questions would you ask her in order to find out:

   1. how long she has been working here?
   2. if she speaks English?
   3. how long she has been speaking English?
   4. if she has a program on television?
   5. how long she has been singing?
   6. how long she has been dancing?
   7. if she likes classical music?
   8. if she has children?
   9. if she likes Canada?
   10. when she is going home?

2. With these questions as a basis, write out a script for the interview. Imagine that you are Brigitte. What answers would you give? Give as many details as you can. Be as original and creative as your knowledge of French permits.

3. Using your original script, act out the interview.

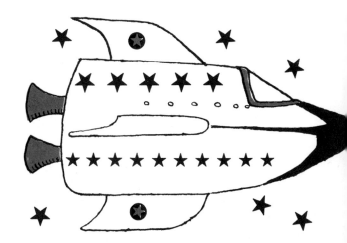

Entre Nous

GREETINGS

Our feelings of "good" will towards our fellow men are easily recognized in the expressions we use when greeting one another or when saying goodbye. Notice the ever-present idea of the "good" we wish others in the following expressions. What other languages follow the same pattern?

ENGLISH	FRENCH	GERMAN
Good morning	Bonjour	Guten Morgen
Good afternoon	Bonjour	Guten Tag
Good evening	Bonsoir	Guten Abend
Good night (departing)	Bonsoir	Guten Abend
Good night (going to bed)	Bonne nuit	Gute Nacht

FROM DAY TO DAY

Do you realize that as you name off the days of the week in English that you pay homage to one Teutonic god after another?

Each Teutonic god could say "on my day" for, in fact, his name is joined to the word *day.*

> Thor (god of thunder) – Thursday
> Freia (goddess of love) – Friday

In French, the names of days come mainly from some form of the Latin names of gods combined with the Latin word for "day": *dies.*
The Latin word *dies* became shortened to **di.**

Day of the Moon	Luna + di	**lundi**	Monday
Day of Mars	Mars + di	**mardi**	Tuesday
Day of Mercury	Mercure + di	**mercredi**	Wednesday
Day of Jupiter	Jovis + di	**jeudi**	Thursday
Day of Venus	Veneris + di	**vendredi**	Friday
Day of the Sabbath	Sabbati + di	**samedi**	Saturday
Day of the Lord	Dies dominica	**dimanche**	Sunday

In English the names of the days are written with capital letters. In French they are written with small letters.

ONE, TWO

In English, almost all numbers come from Anglo-Saxon words.
In French, the numbers come from Latin words.

Compare:

LATIN	FRENCH
unus	un
duo	deux
tres	trois
quattuor	quatre
quinque	cinq

QUEL HOMME!

Mme Bouchard:	Vite, Pierre! Ton déjeuner est prêt!
M. Bouchard:	Où sont mes chaussettes?
Mme Bouchard:	Dans le tiroir avec tes mouchoirs.
M. Bouchard:	Ah oui, tu as raison. Et ma chemise?
Mme Bouchard:	Sur le lit comme toujours! . . . Mon Dieu! Quel homme! C'est étonnant qu'il trouve sa tête sur ses épaules! . . .
	* * *
M. Bouchard:	Me voilà . . . mais, ah zut! . . . Mon café est froid!

Vocabulaire du dialogue

MASCULIN

le café	coffee
l'homme	man
le lit	bed
le mouchoir	handkerchief
le déjeuner	breakfast
Pierre	Peter
le tiroir	drawer

FÉMININ

les chaussettes	socks
la chemise	shirt
l'épaule	shoulder
la tête	head

VERBES

est	is
sont	are
trouver	to find

EXPRESSIONS

avec	with
comme toujours	as always
dans	in
étonnant	surprising
froid	cold
me voilà	here I am
mon, ma, mes	my
Mon Dieu!	Good grief!
prêt	ready
raison:	
tu as raison	you're right
sa, ses	his
sur	on
ton, tes	your
vite	quickly
zut!	darn it!

Expansion du vocabulaire

PRÉPOSITIONS

avec	with
dans	in
sur	on

chez	at the home of
de	of
pour	for

BOISSONS (Drinks)

le café	coffee

le Coca	coca-cola
le jus	juice
le lait	milk
le thé	tea
le vin	wine
la bière	beer
la crème	cream
l'eau (f)	water

LES REPAS (Meals)

le déjeuner	breakfast

le repas	meal
le dîner	dinner
le souper	supper

Savez-vous les nouveaux mots?

1. avec, dans, sur, chez, de, pour

1. Annette attend l'autobus _____ Mme Garon.
2. Le café est _____ la table.
3. Nous aidons Papa _____ la salle de récréation.
4. On parle français _____ Mme Lupin.
5. Les chaussettes sont _____ le lit.
6. Voilà l'auto _____ M. Beaufort.
7. Louise a des disques _____ vous.
8. J'étudie les maths _____ Henri.
9. Nous attendons Jean-Paul _____ la salle à manger.
10. Où est la soeur _____ Paul?

2. QUELLE BOISSON?

1. Le bébé aime _____
2. Maman aime _____
3. Mme Pasteur aime _____
4. M. Pasteur aime _____
5. Les parents aiment _____
6. Les enfants aiment _____
7. Papa aime _____
8. Dans le café Maman aime _____
9. La famille aime _____

3. Each blank represents one word.

1. Paul! Jean! Descendez tout de suite.
   Le déjeuner est _____ .
2. Où est-ce qu'il mange le déjeuner aujourd'hui?
   — Dans la cuisine comme _____ .

3. Le déjeuner, le dîner et le _____ sont les trois _____ .
4. Paul arrive à 5 heures?! C'est _____ !Il rentre toujours à 6 heures.
5. Il aime le café chaud, mais il déteste le café _____
6. _____ Jean! L'autobus arrive.
7. Il perd toujours sa chemise et elle est toujours sur le _____ .
8. Les chaussettes et les _____ sont dans le _____ .
9. Il mange le _____ à 8 heures.
10. Paul Boutin est un garçon. M. Boutin est un _____
11. M. Bouchard est dans sa chambre. Il cherche sa _____ et ses _____ .
12. Il est stupide! Il ne trouve pas sa _____ sur ses _____ .

4. MOTS CROISÉS

QUESTIONNAIRE

1. Où est M. Bouchard?
2. Où est-ce que Mme Bouchard travaille?
3. Quelle heure est-il?
4. Imaginez la réaction de Mme Bouchard à la fin du dialogue.
5. Quel est le contraire de: **grand, sous, il perd, chaud?**

68

Possessive Adjectives

Parlons! 1

1. mon, ma, mes / ton, ta, tes

Answer in the affirmative.

EXEMPLE:

> **J'attends mon père. Est-ce que tu attends ton père?**
> Oui, **j'attends mon** père.

J'attends mon père. Est-ce que tu attends ton père?...
J'attends ma mère. Est-ce que tu attends ta mère?...
J'attends mes parents. Est-ce que tu attends tes parents?

EXEMPLE:

> Est-ce que **tu** attends **ton** frère?
> Oui, j'attends **mon** frère.

Est-ce que tu attends ton frère?... Est-ce que tu attends ta soeur?... Est-ce que tu attends tes parents?... Est-ce que tu cherches ton livre?... Est-ce que tu cherches ta blouse?... Est-ce que tu cherches tes disques?

2. son, sa, ses

Repeat the following expressions:

le disque de Paul, son disque
la lettre de Paul, sa lettre
les livres de Paul, ses livres
le chapeau de Marie, son chapeau
la blouse de Marie, sa blouse
les stylos de Marie, ses stylos

3. son, sa, ses

Answer in the affirmative. Use possessive adjectives.

EXEMPLE:

> C'est **le** disque **de Paul?**
> Oui, c'est **son** disque.

C'est le disque de Paul?... C'est le disque de Marie?... C'est la lettre de Marie?... C'est la lettre de Paul?... C'est les livres de Paul?... C'est les livres de Marie?

4. plural of possessive adjectives: no liaison

Put into the plural.

EXEMPLE:

> **mon** professeur
> **mes** professeurs

mon professeur... ma soeur... ton chien... ta lettre... son fils... sa fille

5. plural of possessive adjectives: liaison

Put into the plural.

EXEMPLE:

> mon ami
> mes amis

mon ami... mon enfant... ton enfant... ton ami... son ami... son enfant

69

6. plural of possessive adjectives: liaison / no liaison

Put into the plural.

EXEMPLE:
> mon élève
> mes élèves
>
> mon fils
> mes fils

mon élève . . . mon fils . . . ton frère . . . ton enfant . . .
son ami . . . son professeur

7. mon, ma, mes / ton, ta, tes

Answer in the affirmative. Use possessive adjectives.

EXEMPLE:
> Tu attends **ton** père?
> Oui, j'attends **mon** père,
>
> Tu attends **mon** père?
> Oui, j'attends **ton** père.

Tu attends ton père? . . . Tu attends mon père? . . .
Tu attends ma mère? . . . Tu attends ta mère? . . .
Tu attends tes parents? . . . Tu attends mes parents?

8. son, sa, ses

Answer in the affirmative. Use possessive adjectives.

EXEMPLE:
> Tu aimes **le** fils de M. Lebrun?
> Oui, j'aime **son** fils.
>
> Tu aimes **les** enfants de M. Lebrun?
> Oui, j'aime **ses** enfants.

Tu aimes le fils de M. Lebrun? . . . Tu aimes les
enfants de M. Lebrun? . . . Tu aimes la fille de
M. Lebrun? . . . Tu aimes la voiture de Suzanne?
. . . Tu aimes les amis de Suzanne? . . . Tu aimes
le frère de Suzanne?

9. possessive adjectives: all possible combinations

Answer in the affirmative. Use possessive adjectives.

EXEMPLE:
> Tu as **le** livre **de Paul?**
> Oui, j'ai **son** livre.
>
> Tu as **mon** livre?
> Oui, j'ai **ton** livre.

Tu as le livre de Paul? . . . Tu as mon livre? . . . Tu as
tes livres? . . . Tu as ma lettre? . . . Tu as la lettre de
Marie? . . . Tu as les lettres de Marie? . . . Tu as ta
lettre? . . . Tu as ton disque? . . . Tu as mes disques?
. . . Tu as tes disques?

Anne, son frère, sa soeur, son chien

Lisons! 1

mon [ʒ], **ma** [a], **mes** [e]

Read the following expressions aloud.

1. le bonbon, mon bonbon, ton bonbon, son bonbon
2. la salade, ma salade, ta salade, sa salade
3. les cahiers, mes cahiers, tes cahiers, ses cahiers

* * * *

4. le salon, mon salon, ton salon, son salon
5. la banane, ma banane, ta banane, sa banane
6. les bébés, mes bébés, tes bébés, ses bébés

* * * *

7. le garçon, mon garçon, ton garçon, son garçon
8. la femme, ma femme, ta femme, sa femme
9. les cahiers, mes cahiers, tes cahiers, ses cahiers

liaison / no liaison

10. mon ami, mes amis; mon enfant, mes enfants
11. mon ami, mon fils; mes amis, mes fils
12. ton enfant, tes enfants; ton élève, tes élèves
13. ton enfant, ton bébé; tes enfants, tes bébés
14. son élève, ses élèves; son ami, ses amis
15. son élève, son frère; ses élèves, ses frères

Pensons! 1

POSSESSIVE ADJECTIVES:
mon, ton, son

The following table shows the French possessive adjectives which correspond to the English *my, your* (familiar), *his, her.*

	MASC.SING.		FEM.SING.		PLURAL	
my	mon	père	ma	mère	mes	parents
your **(tu)**	ton	père	ta	mère	tes	parents
his	son	père	sa	mère	ses	parents
her	son	père	sa	mère	ses	parents

Notes:

1. In French the form of the possessive adjective is determined by the noun that follows it. Notice the different words for *my.*

mon cahier	**mon** because **cahier** is masculine singular
ma chemise	**ma** because **chemise** is feminine singular
mes livres	**mes** because **livres** is plural
mes chaussettes	**mes** because **chaussettes** is plural

2. **Son, sa, ses** mean both *his* and *her.*

   Voilà les parents de Marc: **son** père et **sa** mère.
   There are Mark's parents: **his** father and mother.
   Voilà les parents d'Anne: **son** père et **sa** mère.
   There are Anne's parents: **her** father and mother.
   The exact meaning of **son, sa, ses** is made clear by the rest of the ideas in the situation.

3. The possessive adjective must be repeated with each noun in a series.

   J'entends **ton** frère et **tes** soeurs.
   I hear **your** brothers and sisters.

Ecrivons! 1

1. mon, ma or mes?

le père, un père: _____

mon père

1. la chemise, une chemise: _____
2. le café, un café: _____
3. les tiroirs, des tiroirs: _____
4. un cahier, le cahier: _____
5. des chaussettes, les chaussettes: _____
6. une chambre, la chambre: _____

2. ton, ta or tes?

1. le fils, un fils: _____
2. les enfants, des enfants: _____
3. la soeur, une soeur: _____
4. des amis, les amis: _____
5. une mère, la mère: _____
6. un frère, le frère: _____

3. Answer using voilà.

Où est **ton** cahier?

Voilà mon cahier.

1. Où est ma chemise?
2. Où sont tes chaussettes?
3. Où est mon café?
4. Où est ta voiture?
5. Où sont mes mouchoirs?
6. Où est ton chapeau?

4. son, sa or ses?

des amis, les amis: _____

ses amis

1. un prof, le prof: _____
2. des élèves, les élèves: _____
3. une leçon, la leçon: _____
4. les autos, des autos: _____
5. la photo, une photo: _____
6. le stylo, un stylo: _____

5. son, sa or ses?

le cahier de Marie:

son cahier

1. le livre de Janine
2. le livre de l'enfant
3. la voiture de Marie
4. la voiture de Jean
5. la voiture de la dame
6. les enfants de Marc
7. les enfants d'Anne
8. les enfants de Madame Renac

6. Answer using a pronoun subject and son / sa.

Pierre vend **la** maison?

Oui, il vend sa maison.

1. Hélène regarde un cahier?
2. Paul a une leçon de tennis?
3. Hector aime la chambre?
4. Madeleine mange le déjeuner?
5. Marc vend la voiture?
6. Marie-Claire étudie le livre?

7. Answer using a possessive adjective.

C'est **ton** livre?

Oui, c'est mon livre.

C'est **les livres de Marie?**

Oui, c'est ses livres.

1. C'est ta chambre?
2. C'est la voiture de Paul?
3. C'est ton chien?
4. C'est les parents de Marie?
5. C'est ma chemise?
6. C'est le disque de Janine?
7. C'est la maison de Pierre?
8. C'est mes chaussettes?
9. C'est le frère de Madeleine?
10. C'est tes photos?
11. C'est mon stylo?
12. C'est le père de Marie-Claude?

8. How do you say it in French?

1. her brother, my brother, your brother
2. my sister, your sister, his sister
3. his rooms, your rooms, my rooms
4. your book, her book, my book
5. his mother, my mother, your mother
6. my parents, your parents, her parents
7. her dog, my dog, your dog
8. my house, his house, your house

Expressions with AVOIR

Parlons! 2

1. avoir / avoir faim

How do you say the following expressions in French?

EXEMPLE:
> They have.
> **Ils ont.**
>
> They are hungry.
> **Ils ont faim.**

They have. . . . They are hungry. . . . I have. . . . I am hungry. . . . He has. . . . He is hungry. . . We have. . . . We are hungry.

2. all avoir expressions

Translate the following sentences into French.

EXEMPLE:
> I'm right.
> **J'ai raison.**

I'm right. . . . I'm wrong. . . . I'm warm. . . . I'm cold. . . . I'm thirsty. . . . I'm hungry. . . . I'm 14 years old. . . . I'm afraid.

3. all avoir expressions

Express the following ideas in French.

EXEMPLE:
> We're right.
> **Nous avons raison.**

We're right. . . . We're wrong. . . . We're warm. . . . We're cold. . . . We're thirsty. . . . We're hungry. . . . We're 14 years old. . . . We're afraid.

il a un an

Lisons! 2

Read the following expressions aloud.

1. 1. J'ai faim.   J'ai raison.
   2. Tu as peur?   Tu as dix ans?
   3. Il a soif.   Il a faim.
   4. Elle a six ans?   Elle a tort?
   5. Nous avons soif.   Nous avons chaud.
   6. Vous avez peur?   Vous avez faim?
   7. Ils ont froid. Ils ont tort.
   8. Elles ont raison?   Elles ont soif?

2. *Note that* **m** *followed by* **e** *is pronounced.*

   1. faim, femme
   2. Il a faim.   Il a une femme.
   3. Ils ont des femmes.   Ils ont faim.
   4. Est-ce que vous avez faim?   Est-ce que vous avez une femme?

Pensons! 2

EXPRESSIONS WITH AVOIR

Certain English expressions contain the verb *to be* whereas the corresponding French expressions contain the verb *to have* **avoir.**

to *be* right	**avoir** raison
to *be* wrong	**avoir** tort
to *be* warm	**avoir** chaud
to *be* cold	**avoir** froid
to *be* thirsty	**avoir** soif
to *be* hungry	**avoir** faim
to *be* . . . years old	**avoir** . . . ans
to *be* afraid	**avoir** peur

Notes:

1. These expressions can be used only when the subject is a person.

2. In these expressions the spelling of the word after **avoir** does not change.

Il a **soif.**	He is thirsty.
Ils ont **soif.**	They are thirsty.

j'ai chaud

Ecrivons! 2

1. What's the good word?

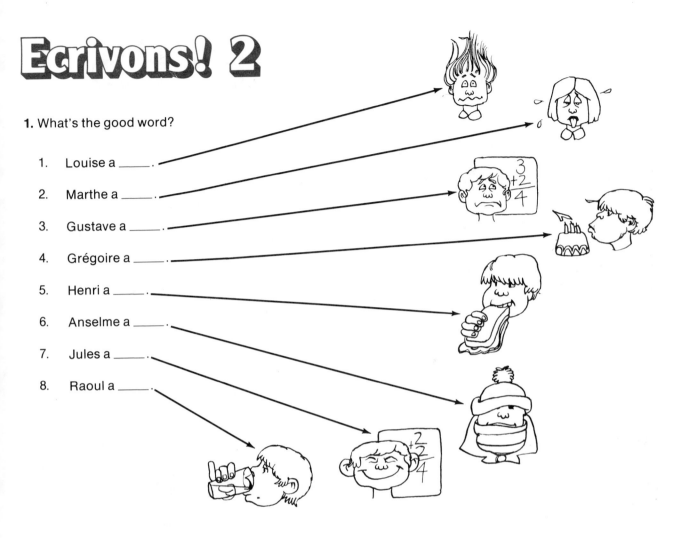

1. Louise a _____ .
2. Marthe a _____ .
3. Gustave a _____ .
4. Grégoire a _____ .
5. Henri a _____ .
6. Anselme a _____ .
7. Jules a _____ .
8. Raoul a _____ .

2. Answer in the negative, using an opposite.

Tu as faim?

Non, j'ai soif.

1. Paul a soif?
2. Tu as tort?
3. Est-ce qu'elle a chaud?
4. Il a raison?
5. Les enfants ont froid?
6. Est-ce que vous avez faim?

3. Complete with any suitable **avoir** expression.

Helen sees a snake. **Elle** _____ .

Elle a peur.

1. Paul wants a sandwich. **Il** _____ .
2. She thinks French is easy. **Elle** _____ .
3. That sun is really blazing. **Est-ce que tu** _____ ?
4. You're drinking an awful lot! **Vous** _____ .
5. John is fifteen. Paul is 5 years younger.
   Paul _____ .
6. I should have brought a sweater. **J'** _____ .
7. My friend thinks Ottawa is in Quebec. **Il** _____ .
8. Aaagh! A ghost! **J'** _____ .
9. Turn the air-conditioning off! **Nous** _____ .
10. Bill and Jack say that $10 \times 0 = 0$. **Ils** _____ .

Present Tense of ÊTRE

Parlons! 3

1. introduction to *être*, present tense

Answer in the affirmative. Use pronouns.

> EXEMPLE: **Il est** jeune. **Marc est** jeune aussi?
> Oui, **il est** jeune.

Il est jeune. Marc est jeune aussi?... Je suis jeune.
Tu es jeune aussi?... Elle est jeune. Marie est jeune
aussi?... Elles sont jeunes. Marie et Suzanne sont
jeunes aussi?... Nous sommes jeunes. Vous êtes
jeunes aussi?... Ils sont jeunes. Paul et Marc sont
jeunes aussi?

2. être, all pronoun subjects

Answer in the affirmative. Use pronouns.

> EXEMPLE: **Vous êtes** dans le salon, monsieur Lebrun?
> Oui, **je suis** dans le salon.

Vous êtes dans le salon, monsieur Lebrun?... Paul
est dans le salon?... Les garçons sont dans le salon?
... Vous êtes dans le salon, vous deux?... Tu es
dans le salon?... Marie est dans le salon?

3. être, various subjects

Repeat the following sentence. Then replace the
subject with the word given.

> EXEMPLE: Nous sommes jeunes.
> Nous sommes jeunes. (Je)
> Je suis jeune.

Nous sommes jeunes.... Je... Vous... Les
garçons... La jeune fille... Tu... Les élèves...
Qui... Nous

vous êtes dans le salon, vous deux?

Lisons! 3

Read the following expressions aloud.

1. the sound [ɥi]

1. suis, depuis
2. bruit, aujourd'hui
3. huit, suite
4. suis, cuisine

      ❋   ❋   ❋   ❋

5. J'arrive aujourd'hui à huit heures.
6. Je suis dans la cuisine.
7. Quel bruit! Il écoute la radio depuis huit heures.
8. J'arrive tout de suite.

2. If the subject ends in the sound [l] and the verb begins with a vowel sound, the [l] is pronounced as if it were the first letter of the verb.

1. lait, il est
2. lait, elle est
3. lait, Paul est
4. lait, Nicole est
5. lait, elle est
6. lait, il est

      ❋   ❋   ❋   ❋

7. il est, il aime, il aide
8. Paul est, Paul aime, Paul aide
9. Nicole est, Nicole aime, Nicole aide
10. elle est, elle aime, elle aide

3. liaison [z]

1. vous êtes, vous aimez
2. vous aidez, vous êtes
3. vous avez, vous êtes
4. vous êtes, vous habitez
5. vous entendez, vous êtes

4. silent endings

1. je suis, tu es, nous sommes, vous êtes
2. il est, ils sont, elle est, elles sont

Pensons! 3

IRREGULAR VERB ÊTRE: (TO BE)

Present tense of ÊTRE (to be)

je suis (I am)	**nous sommes** (we are)
tu es (you are)	**vous êtes** (you are)
il est (he is)	**ils sont** (they are)
elle est (she is)	**elles sont** (they are)
le garçon est	**les garçons sont**
on est	**Marie et Paul sont**
qui est?	

Notes:

1. **Es** and **est** are pronounced the same.

2. The pronunciation of some forms of **être** and **avoir** is very similar. Be sure that you help others to understand what you are saying by clearly distinguishing between:

il est	(être)	
il a	(avoir)	
tu es	(être)	
tu as	(avoir)	
ils sont	(être)	— a sharp **s** sound follows the **l**
ils ont	(avoir)	— a **z** sound follows the **l**

Ecrivons! 3

je suis un stylo

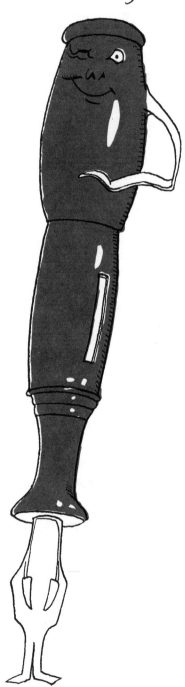

1. Which form of **être** correctly completes the sentence?

1. Tu _____ content?
2. Les amis de Paul _____ là.
3. Elle _____ chez Pierre.
4. Nous _____ prêts.
5. Marie-Claude _____ jeune.
6. Vous _____ malins!
7. Qui _____ dans le salon?
8. Les chemises _____ jaunes.
9. Je _____ français.
10. C' _____ aujourd'hui lundi.

2. Substitute the verb **être** for the verb in the sentence — if possible!

1. J'**étudie** à l'école.
2. Paul **mange** au restaurant.
3. Marie et Paul **entrent** dans la classe.
4. Est-ce que tu **restes** à la maison?
5. Je **cherche** un stylo.
6. Nous **montons** dans l'autobus.
7. Qui **chante** là?
8. Est-ce que vous **jouez** dans la classe?
9. Nous **avons** une soeur.
10. Elle **travaille** dans la cuisine.

3. Complete the sentences with the correct form of the verb that makes sense, **avoir** or **être.**

1. Nous _____ à l'école.
2. Tu _____ un chien?
3. Les parents de Marie _____ formidables.
4. Je _____ dans le garage.
5. M. Bouchard _____ étonnant.
6. Pierre _____ trois soeurs.
7. Est-ce que vous _____ content?
8. Ils _____ beaucoup de disques.
9. Tu _____ malin!
10. Qui _____ là?

Parlons!

1. **avoir / être**

Repeat the following sentence. Then substitute the word suggested and change the verb.

EXEMPLE:
> Je suis jeune.
> Je suis jeune. (froid)
> J'**ai** froid.

Je suis jeune. . . . froid . . . petit . . . chaud . . . grand . . . faim

EXEMPLE:
> Nous avons peur.
> Nous avons peur. (grands)
> Nous **sommes** grands.

Nous avons peur. . . . grands . . . raison . . . petits . . . tort . . . jeunes . . . soif

2. **avoir / être**

How do you express the following ideas in French?

EXEMPLE:
> I am
> **Je suis**
>
> I have
> **J'ai**
>
> I **am** thirsty
> J'**ai** soif

I am . . . I have . . . I am thirsty . . . He is . . . He has . . . He is wrong. . . . We are . . . We have . . . We are afraid. . . . They are . . . They have . . . They are warm.

Un peu de tout

AVOIR être ma sa ton

3. **possessive adjectives / subject pronouns**

Answer the following questions.

EXEMPLE:
> Où est **ta** chemise?
> **Ma** chemise? **Elle** est sur le lit.
>
> Où est **la chemise de Paul**?
> **Sa** chemise? **Elle** est sur le lit.

Où est ta chemise? . . . Où est la chemise de Paul? Où est ma chemise? . . . Où est ton mouchoir? . . . Où est le mouchoir de Paul? . . . Où est mon mouchoir? . . . Où sont tes cahiers? . . . Où sont les cahiers de Paul? . . . Où sont mes cahiers?

Lisons!

The forms of **avoir** and **être** with **il, ils, elle, elles** are similar in sound. Learn to tell them apart.

1. il a, elle a / il est, elle est

1. il a, il est
2. elle a, elle est
3. on a, on est
4. qui a, qui est
   *   *   *   *
5. Il a froid.   Il est malade.
6. Elle a chaud.   Elle est chez Paul.
7. Qui a tort?   Qui est au téléphone?
8. On a peur.   On est prêt.

2. [z] / [s]

1. ils ont, ils sont
2. elles ont, elles sont
   *   *   *   *
3. Ils ont peur.   Ils sont petits.
4. Elles ont chaud.   Elles sont chez Suzanne.
5. Ils ont tort.   Ils sont à Toronto.

3. combination of exercises 1 and 2 above

1. Il a raison.   Il est chez Marie.   Ils sont prêts.   Ils ont soif.
2. Elles sont jeunes.   Elle a dix ans.   Elles ont froid.   Elle est dans le salon.
3. Qui a tort?   Marc a tort.   Qui est malade?   Paul est malade.
4. Il a chaud.   Il est grand.   On est prêt.   On a froid.
5. Ils ont faim.   Il a peur.   Ils sont prêts.   Il est là.

Ecrivons!

1. Complete the sentences with the correct form of the verb that makes sense, **avoir** or **être**

1. Je _____ malade.
2. Je _____ raison.
3. Elle _____ jeune.
4. Elle _____ faim.
5. Nous _____ peur.
6. Nous _____ contents.
7. Ils _____ formidables.
8. Ils _____ soif.
9. Vous _____ cinq ans?
10. Vous _____ prêt?

2. Make up questions as in the example.

J'ai une voiture depuis deux ans.

Depuis quand est-ce que vous avez une voiture?

1. Il aime le café depuis trois ans.
2. J'ai chaud depuis une heure.
3. Nous sommes à Ottawa depuis deux mois.
4. Elle parle au téléphone depuis vingt minutes.
5. Ils ont faim depuis deux heures.
6. Nous étudions le français depuis deux ans.
7. Mes amis attendent depuis dix minutes.
8. Ma femme travaille à l'école depuis dix ans.

3. Write in the plural as in the example.

Je suis content. *Nous sommes contents.*

1. Elle est jeune.
2. Tu es grand.
3. Mon cahier est vert.
4. Tu es prêt?
5. Son mouchoir est rouge.
6. Je suis malade.
7. Ton livre est formidable!
8. Je suis content.

4. How do you say it in French?

1. My book, my house, my friend.
2. The book, the house, the friend.
3. Your book, your house, your friend.
4. A book, a house, a friend.
5. His book, his house, his friend.
6. Some books, some houses, some friends.
7. Her book, her house, her friend.
8. The books, the houses, the friends.
9. My books, my houses, my friends.
10. Her books, her houses, her friends.

1. Using **quel**, what exclamation can you make to express your feelings about the following situations?

1. You aren't doing well in the subject and you want to show your disgust!
2. Your young sister is playing her favorite group's hit record and you can't stand it!
3. You have never enjoyed a French period so much!
4. The school bus is falling apart!
5. Your baby brother has just thrown his dinner in your face!
6. Mr. Lebrun has just given you $10.00!
7. The last seven days has been one series of disasters after another!
8. You're reading a really exciting novel!

2. Answer the following questions according to the example.

EXAMPLE:

> Tu parles avec Jean?
> Non, je parle avec Robert.

1. Tu études les sciences?
2. Tu aides ton frère?
3. Tu manges ses bonbons?
4. Tu fermes le tiroir maintenant?
5. Tu attends tes enfants?
6. Tu entres dans le salon?

3. What rooms do you associate with the following ideas?

le disque
le lit
le repas
l'économie domestique
jouer
travailler

4. What expressions of time do you associate with the following numbers?

7
52
4
60
24
12

5. As you read each of the following expressions, what school subject do you think of?

1. Shakespeare
2. deux et deux font quatre
3. une auto
4. les plantes
5. Bach
6. le Canada, la France, l'Italie
7. la gymnastique
8. Jacques Cartier
9. un gâteau
10. une lettre

6. What's to drink?!

1. le ïvn
2. le tail
3. l'uae
4. le ocaC
5. la irebè
6. le usj
7. le facé

7. What verbs?

Two verbs that begin with: ai _____
 ch _____
 en _____
 m + nasal sound _____
 ren _____
 tr _____

8. Find the intruder. Explain your choice.

1. mouchoir, chaussette, chambre, chemise
2. attendre, descendre, trouver, vendre
3. vite, bientôt, tout de suite, petit
4. pourquoi, dans, pour, sur
5. le thé, l'eau, le déjeuner, le café
6. la danse, chanter, travailler, la télé
7. la semaine, le mois, l'an, aujourd'hui
8. tête, lit, épaule
9. huit, neuf, sept, des
10. le thé, le vin, le lait, le café

9. Put the following words into a logical order.

1. trois, dix, six
2. le dîner, le souper, le déjeuner
3. le jour, la minute, l'heure
4. la semaine, le mois, l'an
5. trouver, avoir, chercher
6. entrer, arriver, manger

10. What words do you know that rhyme with:

1. caf**é**
2. l**it**
3. mouch**oir**
4. v**in**
5. **eau**

11. Which adverb?

Here is a list of the adverbs you know.

aujourd'hui	**comme toujours**	**plus tard**
aussi	**déjà**	**tout de suite**
bientôt	**maintenant**	**un instant**
vite

Complete each of the following statements with one of these adverbs.

1. The situation is desperate! You need a doctor right away!
 Le docteur arrive . . . .
2. Mary is helping Mom, and Suzette is helping her as well!
 Suzette aide Maman . . . .
3. The movie projector has broken down, but it will soon be fixed.
 They assure the audience:
 Le programme commence . . . .
4. The projector is now fixed. They announce to the audience:
 Le programme commence . . . .
5. Mary and Paul have a date. She arrives at 9. He arrives at 9:20.
 Il arrive . . . .
6. Whenever they play that record, Paul and Mary always dance!
 Voilà. Ils dansent . . . .
7. Helen doesn't like geography either.
 Elle déteste la géographie . . . .
8. You're surprised that the Leclercs have been living here so long!
 Oui, ils habitent ici depuis deux ans . . . .
9. You know some French but you can't understand Mr. Lebrun.
 Il parle si . . . !
10. You are in a hurry and you can't stay long. You explain:
 Je reste . . . .
11. This is the day!
 Ils arrivent . . . .

12. Change each pair of sentences into one sentence by using one of:

mais   **et**   **parce que**

1. J'écoute les disques de Beethoven.
   J'aime la musique classique.
2. Jean-Paul mange son bifteck.
   Il mange mon bifteck aussi.
3. M. Lebrun ferme la porte.
   Il a froid.
4. Suzette aime beaucoup les bonbons.
   Elle déteste le chocolat.
5. Mme Leduc attend dans le corridor.
   Son mari est dans la salle de bain.
6. Robert et Michel arrivent dans la classe.
   Ils ont une leçon de mathématiques.
7. Réal écoute la question.
   Il répond au professeur.

13. Make up little conversations modeled on this example.

– Est-ce que Pierre parle anglais?
– Non.
– Alors qui parle anglais?
– *C'est son frère.*

1. Est-ce que tu aimes le vin?
2. Est-ce qu'ils attendent l'autobus?
3. Est-ce que vous habitez à Trois-Rivières?
4. Est-ce que vous répondez à la question?
5. Est-ce qu'ils ont un grand salon?
6. Est-ce qu'elle descend bientôt?

14. Each of the following outlines lends itself to various developments.

See how original *you* can be!

1. – Vite Pierre.   – *Vite Pierre*
   – Pourquoi?   – *Pourquoi?*
   – _____   – *Michel est là.*
   – Mais _____   – *mais je déteste Michel!*

2. – Mon Dieu! Quel homme!   *Mon Dieu! Quel homme!*
   – Pourquoi?   *Pourquoi?*
   – _____   *Il parle toujours.*

15. Make up sentences for each of the expressions listed.

EXAMPLE: chaud

Est-ce que vous avez chaud ?
    or
Paul et Marc travaillent depuis une heure et ils ont chaud.
    dans la cuisine
M. et Mme Renac mangent dans la cuisine.
    or
Est-ce que maman est dans la cuisine ?

1. froid   5. jeune(s)
2. à l'école   6. soif
3. raison   7. formidable(s)
4. peur

Suzanne aime beaucoup les bonbons

16. 1. You are a police detective on a murder case. You have uncovered the following clues and you want to find out who is associated with each clue.

What question would you ask? Use **qui.**

1. un paquet de cigarettes oranges
2. un disque de Beethoven
3. l'adresse: 10, rue Laurier
4. un livre français

2. You have now found out the person associated with each clue. In a direct cross-examination, what questions would you ask them to find out the following information?

1. **les cigarettes oranges** – Mlle Lefort

   1. How long has she been smoking orange cigarettes?
   2. Where do they sell orange cigarettes?
   3. Why does she smoke orange cigarettes?

2. **un disque de Beethoven** – M. Lapierre

   1. Does he like Beethoven?
   2. Does he listen to Beethoven?
   3. Why does he listen to Beethoven?

3. **l'adresse: 10, rue Laurier** – Mme Franquet

   1. Where does she live?
   2. How long has she been living at 10 Laurier St.?
   3. With whom does she live?

4. **un livre français** – Mr. Nichols

   1. Does he speak French?
   2. How long has he been speaking French?
   3. Where does he speak French?
   4. Who sells French books?

3. Make up any other questions you can to find out more details about each clue.

4. Write the transcript taken by the court stenographer.

Question: Qui fume les cigarettes oranges?
Réponse: Mlle Lefort.
Question: Mlle Lefort, depuis quand est-ce que vous fumez les cigarettes oranges?
Réponse: Depuis deux ans, etc.

5. **Act out the scenario you have written.**

Entre Nous

MEALS

When you awaken in the morning you have your breakfast. If you look at the word *breakfast* carefully, you will see that it is made up of two words:
break fast.
Breakfast, the first meal of the day, "breaks the fast" that has been going on since you went to bed. In French the word **déjeuner** has the same meaning, "to break fast".

In Canada and in France, there are slight differences in the words used to refer to the meals of the day. This difference has arisen out of different customs and experiences. In France, the first meal of the day is called **le petit déjeuner. Petit** describes it well, for it usually consists of roll, jam and coffee. That's all. In Canada it is usual to refer to the first meal as **le déjeuner.** You notice that **petit** has disappeared.

The following chart provides you with a comparison of the words used in Canada and in France. Remember, even in one country, the words people use may change from region to region depending on usage.

	CANADA	FRANCE
Morning:	le déjeuner	le petit déjeuner
Noon:	le dîner	le déjeuner
Evening:	le souper	le dîner

IDIOMS

It may seem to you that other languages use "strange" combinations of words to express an idea. "Strange" because they do not correspond to "our" way of saying something. We must remember that our language also strikes those who are learning it as very odd in many ways.
For example, the expression *He ran out of ink.*
To a foreigner learning English, *to run* means "to move quickly"; *out of* suggests "removing oneself from"; *ink* is a "black substance used with pens to write". The picture that comes to the foreigner's mind is incredible. A man is standing in ink and suddenly runs out of it!!!! It is impossible to interpret each word in such an expression and make sense. The whole expression must be interpreted as a unit. Such expressions are called idioms.
With an idiom you cannot translate each word. You must consider each combination of words as a unit expressing one idea.
Therefore **J'ai faim** does not mean *I have hunger.* It corresponds to the same idea as that conveyed by the English *I am hungry* and must be treated as a unit of expression.

PROJECTS
Make a list of other English idioms.
What other French idioms do you know?

SYLLABLES

When dividing a word into syllables, two consonants between two vowel sounds are divided:
pou**r** – **q**uoi

There are two situations in which this does not happen. Sometimes two consonants are joined together to produce one sound. A common example is **ph**: télé**ph**one. If the **ph** were divided the sound [f] would be destroyed.
The second situation arises in the word **récréation.**
ré – cré – a – tion
If two consonants stand together and the second is **l** or **r**, they are not divided.
PROJECTS

1. Divide the following words into syllables.
2. Pronounce each word carefully.

1 2	1 2 3	1 2 3 4	1 2 3 4 5
avoir	étonnant	éducation	dactylographie
café	déjeuner	géographie	
chemise	regarder	économie	
toujours	détester		
mouchoir	descendre		
anglais			
rentrer			

NAMES

Allen	Alain	Jean	Jeanne	Ralph	Raoul
Andrea	Andrée	Joan	Jeanne	Steven	Étienne
Andrew	André	John	Jean	Susan	Suzanne
Angela	Angèle	Laura	Laure	Sylvia	Sylvie
Anthony	Antoine	Laurence	Laurent	William	Guillaume
Dennis	Denis	Lilian	Liliane		
Dorothy	Dorothée	Margaret	Marguerite		
Edward	Édouard	Mark	Marc		
Frank	François	Mary	Marie		
Frederick	Frédéric	Michael	Michel		
Helen	Hélène	Michelle	Michèle		
Henry	Henri	Nicholas	Nicolas		
James	Jacques	Peter	Pierre		
Jane	Jeanne	Philip	Philippe		

Here are some French names that look the same as English names but are pronounced differently.

Anne	Georges
Barbara	Irène
Catherine	Joseph
Charles	Paul
Claire	Richard
David	Robert
Denise	Roger
Diane	Thomas
Elisabeth	Yvonne

NUMBERS

1.	un	18.	dix-huit	60.	soixante
2.	deux	19.	dix-neuf	61.	soixante et un
3.	trois	20.	vingt	69.	soixante-neuf
4.	quatre	21.	vingt et un	70.	soixante-dix
5.	cinq	22.	vingt-deux	71.	soixante et onze
6.	six	23.	vingt-trois	72.	soixante-douze
7.	sept	24.	vingt-quatre	79.	soixante-dix-neuf
8.	huit	25.	vingt-cinq	80.	quatre-vingts
9.	neuf	26.	vingt-six	81.	quatre-vingt-un
10.	dix	27.	vingt-sept	82.	quatre-vingt-deux
11.	onze	28.	vingt-huit	89.	quatre-vingt-neuf
12.	douze	29.	vingt-neuf	90.	quatre-vingt-dix
13.	treize	30.	trente	91.	quatre-vingt-onze
14.	quatorze	31.	trente et un	92.	quatre-vingt-douze
15.	quinze	32.	trente-deux	98.	quatre-vingt-dix-huit
16.	seize	40.	quarante	99.	quatre-vingt-dix-neuf
17.	dix-sept	50.	cinquante	100.	cent

VERBS

ER REGARDER

je regard*e*	nous regard*ons*
tu regard*es*	vous regard*ez*
il regard*e*	ils regard*ent*
elle regard*e*	elles regard*ent*

RE ATTENDRE

j'attend*s*	nous attend*ons*
tu attend*s*	vous attend*ez*
il attend	ils attend*ent*
elle attend	elles attend*ent*

AVOIR

j'ai	nous avons
tu as	vous avez
il a	ils ont
elle a	elles ont

ÊTRE

je suis	nous sommes
tu es	vous êtes
il est	ils sont
elle est	elles sont

DICTIONNAIRE ANGLAIS—FRANÇAIS

a, an: un, une
address: adresse *(f)*
to adore: adorer
afraid, to be afraid: avoir peur
afternoon, good afternoon: bonjour
algebra: algèbre *(f)*
already: déjà
also: aussi
always: toujours
    as always: comme toujours
and: et
animal: animal *(m)*
to answer: répondre
to arrive: arriver
art: dessin *(m)*
to ask: demander
at: à
    at Mary's: chez Marie
awful: terrible

baby: bébé *(m)*
bag: sac *(m)*
banana: banane *(f)*
bathroom: salle de bain *(f)*
to be: être
because: parce que
bed: lit *(m)*
bedroom: chambre (à coucher) *(f)*
beef steak: bifteck *(m)*
beer: bière *(f)*
to begin: commencer
big: grand
blouse: blouse *(f)*
blue: bleu
book: livre *(m)*
boy: garçon *(m)*
boy friend: ami *(m)*
breakfast: (petit) déjeuner *(m)*
brother: frère *(m)*
bus: autobus *(m)*
but: mais

cab: taxi *(m)*
cake: gâteau *(m)*

Canada: le Canada
Canadian *(adj.):* canadien
candy: bonbon *(m)*
car: auto *(f)*, voiture *(f)*
child: enfant *(m, f)*
chocolate: chocolat *(m)*
cigarette: cigarette *(f)*
class: classe *(f)*
classical: classique
classroom: salle de classe *(f)*
to close: fermer
coca-cola: Coca *(m)*
coffee: café *(m)*
cold: froid
    to be cold: avoir froid
to come down: descendre
to come home: rentrer
to continue: continuer
corridor: corridor *(m)*
cream: crème *(f)*

to dance: danser
dancing: danse *(f)*
darn it!: zut!
daughter: fille *(f)*
day: jour *(m)*
    good day: bonjour
dining room: salle à manger *(f)*
dinner: dîner *(m)*
to dislike: détester
doctor: docteur *(m)*
dog: chien *(m)*
dollar: dollar *(m)*
door: porte *(f)*
drawer: tiroir *(m)*
dress: robe *(f)*

to eat: manger
education: éducation *(f)*
eight: huit
end: fin *(f)*
English: anglais *(m)*
Englishman: Anglais *(m)*
to enter: entrer

family: famille *(f)*
father: père *(m)*
film: film *(m)*
to find: trouver
five: cinq
football: football *(m)*
    to play football: jouer au football
for: pour, depuis *(with expressions of time)*
    for you: pour vous
four: quatre
France: la France
French *(adj.):* français
French (language): français *(m)*
Frenchman: Français *(m)*
Friday: vendredi *(m)*
friend: ami *(m)*, amie *(f)*

game: match *(m)*
garage: garage *(m)*
geography: géographie *(f)*
girl: jeune fille *(f)*
girl friend: amie *(f)*
to give back: rendre
to go down: descendre
to go home: rentrer
good: bon, bonne
    good afternoon: bonjour
    good day: bonjour
    Good grief! Mon Dieu!
    Good morning: bonjour
to go up: monter
great!: fantastique!, formidable!
green: vert
gymnastics: gymnastique *(f)*

handkerchief: mouchoir *(m)*
happy: content
hat: chapeau *(m)*
to have: avoir
head: tête *(f)*
to hear: entendre
hello: allô *(on the phone)*, bonjour *(greeting)*

to help: aider
her: son, sa, ses
here: ici
here is: voilà
   here I am: me voilà
hi!: salut!
his: son, sa, ses
history: histoire *(f)*
hockey: hockey *(m)*
   to play hockey: jouer au hockey
home: at the home of: chez
home economics:
   économie domestique *(f)*
hot: chaud
   to be hot: avoir chaud
hour: heure *(f)*
house: maison *(f)*
how: comment
hungry, to be hungry: avoir faim
husband: mari *(m)*

idiot: idiot *(m)*
if: si
immediately: tout de suite
in: à, dans
intelligent: intelligent
interesting: intéressant
Italy: Italie *(f)*
it's: c'est

juice: jus *(m)*

key: clef *(f)*
kitchen: cuisine *(f)*

lady: dame *(f)*
large: grand
later: plus tard
lesson: leçon *(f)*
letter: lettre *(f)*
to like: aimer
to listen to: écouter
little: petit
to live: habiter
living room: salon *(m)*
to look for: chercher

to look at: regarder
to lose: perdre
lots, a lot of: beaucoup
to love: aimer
lunch: déjeuner *(m)*

man: homme *(m)*
many: beaucoup
mathematics (math):
   mathématiques *(maths) (f. pl.)*
meal: repas *(m)*
milk: lait *(m)*
minute: minute *(f)*
Miss: mademoiselle *(Mlle)*
Mom: Maman
moment: instant *(m)*
   for a moment: un instant
Monday: lundi *(m)*
month: mois *(m)*
Montreal: Montréal
morning: good morning: bonjour
mother: mère *(f)*
movie: film *(m)*
Mr.: monsieur *(M.)*
Mrs.: madame *(Mme)*
much: beaucoup
music: musique *(f)*
my: mon, ma, mes

name: nom *(m)*
new: nouveau(x), nouvelle(s)
nine: neuf
no: non
noise: bruit *(m)*
   what a noise!: quel bruit!
noon: midi *(m)*
note-book: cahier *(m)*
now: maintenant

of: de
on: sur
one *(number):* un
one, they: on

package: paquet *(m)*
parents: parents *(m)*

part: partie *(f)*
pen: stylo *(m)*
period: période *(f)*
photograph: photo *(f)*
physical education:
   éducation physique *(f)*
piece: morceau *(m)*
plant: plante *(f)*
to play: jouer
   to play football: jouer au football
   to play hockey: jouer au hockey
   to play tennis: jouer au tennis
principal: directeur *(m)*
programme: programme *(m)*
pupil: élève *(m, f)*

Quebec: Québec
question: question *(f)*
quickly: vite

radio: radio *(f)*
ready: prêt
record: disque *(m)*
recreation room: salle de
   récréation *(f)*
red: rouge
to remain: rester
right: to be right: avoir raison
room: pièce *(f)*

salad: salade *(f)*
satisfied: content
Saturday: samedi *(m)*
school: école *(f)*
   secondary school: école secondaire *(f)*
science: sciences *(f. pl.)*
second *(of time):* seconde *(f)*
to sell: vendre
seven: sept
sharp: malin
shirt: chemise *(f)*
shop *(school subject):* atelier *(m)*
shoulder: épaule *(f)*
to shut: fermer
sick: malade
silence: calme *(m)*
since: depuis

to sing: chanter
sir: monsieur *(m)*
sister: soeur *(f)*
six: six
small: petit
to smoke: fumer
socks: chaussettes *(f. pl.)*
son: fils *(m)*
soon: bientôt
soup: soupe *(f)*
to speak: parler
to stay: rester
story: histoire *(f)*
street: rue *(f)*
student: élève *(m, f)*
to study: étudier
stupid: stupide
subject *(school)***:** matière *(f)*
Sunday: dimanche *(m)*
surprising: étonnant

table: table *(f)*
to talk: parler
tall: grand
taxi: taxi *(m)*
tea: thé *(m)*
teacher: professeur *(m)*, prof *(m)*
telephone: téléphone *(m)*
television: télé *(f)*
ten: dix
tennis: tennis *(m)*
    to play tennis: jouer au tennis
then: alors
there: là
they, one: on
thirsty: to be thirsty: avoir soif
three: trois
time-table: emploi du temps *(m)*
to: à
to-day: aujourd'hui
too: aussi
train: train *(m)*
Tuesday: mardi *(m)*
twenty: vingt
two: deux
typing: dactylographie *(f)*

under: sous

vain: in vain: en vain

to wait: attendre
warm: chaud
    to be warm: avoir chaud
to watch: regarder
water: eau *(f)*
Wednesday: mercredi *(m)*
week: semaine *(f)*
well: bien
what: quel *(m)*, quelle *(f)*
    what a noise!: quel bruit!
when: quand
where: où
who: qui
why: pourquoi
wife: femme *(f)*
wine: vin *(m)*
with: avec
woman: femme *(f)*
word: mot *(m)*
to work: travailler
wow!: formidable!, fantastique!
wrong: to be wrong: avoir tort

year: an *(m)*
    to be . . . years old: avoir . . . ans
yellow: jaune
yes: oui
you *(impersonal)*, **one, they:** on
    you two: vous deux
young: jeune

DICTIONNAIRE FRANÇAIS—ANGLAIS

à: at, to, in, on
adorer: to adore
aider: to help
aimer: to like, to love
allô: hello (on the phone)
allons-y!: let's go!
alors: then
ami (m): friend, boy-friend
amie (f): friend, girl-friend
an (m): year
   avoir . . . ans: to be . . . years old
anglais (m): English
Anglais (m): Englishman
arriver: to arrive
atelier (m): shop (school subject)
attendre: to wait
aujourd'hui: to-day
aussi: also, too
auto (f): car
autobus (m): bus
avec: with
avoir: to have

banane (f): banana
beaucoup: many, much, a lot of
bébé (m): baby
bien: well
bientôt: soon
bière (f): beer
bifteck (m): beef steak
bleu: blue
bon, bonne: good
bonbon (m): candy
bonjour: hello, good morning, good
  afternoon
bruit (m): noise
   quel bruit!: what a noise!

café (m): coffee
cahier (m): note-book
calme (m): silence
canadien: Canadian
céleri (m): celery

c'est: it's
chambre (à coucher) (f): bedroom
chanter: to sing
chapeau (m): hat
chaud: hot, warm
   avoir chaud: to be warm
chaussettes (f. pl.): socks
chemise (f): shirt
chercher: to look for
chez: at the home of
   chez moi: at my place
chien (m): dog
cinq: five
classe (f): class, classroom
classique: classical
clef (f): key
Coca (m): coca-cola
commencer: to begin
comment: how
comme toujours: as always
content: happy, satisfied
continuer: to continue
contraire (m): opposite
crème (f): cream
croisés: mots croisés: crossword
  (puzzle)
cuisine (f): kitchen

dactylographie (f): typing
dame (f): lady
dans: in
danse (f): dancing
danser: to dance
de: of
déjà: already
déjeuner (m): lunch, breakfast
demander: to ask
depuis: since, for
descendre: to come down, to go
  down
dessin (m): art
détester: to dislike
deux: two
Dieu: Mon Dieu!: Good grief!

dimanche (m): Sunday
dîner (m): dinner
directeur (m): principal
disque (m): record
dix: ten

eau (f): water
école (f): school
économie domestique (f): home
  economics
écouter: to listen to
écrivons!: let's write!
éducation physique (f): physical
  education
élève (m,f): pupil, student
emploi du temps (m): time-table
enfant (m,f): child
entendre: to hear
entrer: to enter
épaule (f): shoulder
et: and
étonnant: surprising
être: to be
étudier: to study
exercice (m): exercise

faim: avoir faim: to be hungry
famille (f): family
fantastique!: great! wow!
femme (f): woman, wife
fermer: to shut, to close
fille (f): girl, daughter
   jeune fille: girl
film (m): film, movie
fils (m): son
fin (f): end
font: deux et deux font quatre:
  two and two are four
formidable: great! wow!
français: French
français (m): French (language)
Français (m): Frenchman
frère (m): brother

froid: cold
   avoir froid: to be cold
fumer: to smoke

garçon *(m):* boy
gâteau *(m):* cake
géographie *(f):* geography
grand: large, big, tall

habiter: to live
heure *(f):* hour
histoire *(f):* history, story
homme *(m):* man
huit: eight

ici: here
instant *(m):* moment
   un instant: for a moment
intéressant: interesting

jaune: yellow
jeudi *(m):* Thursday
jeune: young
jeune fille *(f):* girl
jouer: to play
jour *(m):* day
jus *(m):* juice

là: there
lait *(m):* milk
leçon *(f):* lesson
lettre *(f):* letter
lisons!: let's read!
lit *(m):* bed
livre *(m):* book
lundi *(m):* Monday

madame *(f):* Mrs.
maintenant: now
mais: but
maison *(f):* house
malade: sick
malin: sharp

Maman *(f):* Mom
manger: to eat
mardi *(m):* Tuesday
mari *(m):* husband
match *(m):* game
matière *(f):* school subject
mécanique *(f):* mechanic
mercredi *(m):* Wednesday
mère *(f):* mother
midi *(m):* noon
mois *(m):* month
monsieur *(m):* sir, Mr.
monter: to go up
morceau *(m):* piece
mot *(m):* word
   mots croisés: crossword (puzzle)
mouchoir *(m):* handkerchief

neuf: nine
nom *(m):* name
non: no
nouveau(x), nouvelle(s): new

on: one, they, you *(impersonal)*
où: where
oui: yes

paquet *(m):* package
parce que: because
parents *(m. pl.):* parents
parler: to speak, to talk
   parlons!: let's speak!, let's talk!
partie *(f):* part
pensons!: let's think!
perdre: to lose
père *(m):* father
petit: little, small
   petit déjeuner (m): breakfast
peu: un peu de tout: a little
   bit of everything
peur: avoir peur: to be afraid
photo *(f):* photograph
pièce *(f):* room
plus tard: later
porte *(f):* door
pour: for
   pour vous: for you

pourquoi: why
prêt: ready
prof *(m):* teacher
professeur *(m):* teacher

quand: when
quatre: four
quel, quelle: what
qui: who

raison: avoir raison: to be right
regarder: to watch, to look at
rendre: to give back
rentrer: to go home, to come home
repas *(m):* meal
répondre: to answer
rester: to remain, to stay
robe *(f):* dress
rouge: red
rue *(f):* street

sac *(m):* bag
salle à manger *(f):* dining room
salle de bain *(f):* bathroom
salle de récréation *(f):* recreation
   room
salon *(m):* living room
samedi *(m):* Saturday
savez-vous?: do you know?
seconde *(f):* second *(of time)*
semaine *(f):* week
sept: seven
si: if
six: six
soeur *(f):* sister
soif; avoir soif: to be thirsty
sous: under
stylo *(m):* pen
sur: on
synonyme *(m):* synonym

table *(f):* table
tard: late
   plus tard: later
taxi *(m):* cab, taxi

télé *(f)*: television
temps *(m)*: **emploi du temps**:
   timetable
terrible: awful
tête *(f)*: head
thé *(m)*: tea
tiroir *(m)*: drawer
tort: avoir tort: to be wrong
toujours: always
   comme toujours: as always
tout de suite: immediately
travailler: to work
trois: three
trouver: to find

un, une: a, an; one

vain: en vain: in vain
vendre: to sell
vendredi *(m)*: Friday
vert: green
vin *(m)*: wine
vingt: twenty
vite: quickly
vocabulaire *(m)*: vocabulary
voilà: here is, there is
   me voilà: here I am
voiture *(f)*: car
vous deux: you two

zut!: darn it!

INDEX

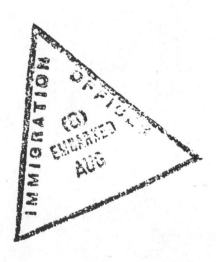